世居少数民族系列

云南省社会科学界联合会 组编

"云南史话·世居少数民族系列"
编委会

拉祜族史话

龙 麟 编著

云南人民出版社

图书在版编目（CIP）数据

拉祜族史话 / 龙麟编著 . —— 昆明：云南人民出版
社，2023.12
（云南史话 . 世居少数民族系列）
ISBN 978-7-222-21489-7

Ⅰ . ①拉… Ⅱ . ①龙… Ⅲ . ①拉祜族 - 民族历史 - 云
南 Ⅳ . ① K285.8

中国国家版本馆 CIP 数据核字（2023）第 151790 号

责任编辑：梁　爽
责任校对：董　毅
责任印制：代隆参
装帧设计：郑　治

拉祜族史话
LAHUZU SHIHUA

龙　麟　编著

出　版　云南人民出版社
发　行　云南人民出版社
社　址　昆明市环城西路 609 号
邮　编　650034
网　址　www.ynpph.com.cn
E-mail　ynrms@sina.com
开　本　720mm×1010mm　1/32
印　张　7.75
字　数　100 千
版　次　2023 年 12 月第 1 版第 1 次印刷
印　刷　云南速盈印刷有限公司
书　号　ISBN 978-7-222-21489-7
定　价　38.00 元

如需购买图书、反馈意见，请与我社联系
总编室：0871-64109126　发行部：0871-64108507
审校部：0871-64164626　印制部：0871-64191534

云南人民出版社微信公众号

总　序

七彩云南，气象万千。

这里东连黔桂，西邻缅甸，北靠川渝，南接越南、老挝，是祖国大陆通往南亚东南亚、出印度洋的枢纽和大通道。特殊的地理环境，悠久的历史，孕育了云南深厚的文化底蕴，创造了丰富多彩的灿烂文化，让云南成为中华文化同南亚次大陆文化、东南亚文化交汇的区域，是文化交汇、融合、多样性的现代范本。

这里山川纵横。横断山、哀牢山、无量山、云岭、乌蒙山等山系支撑起祖国西南辽阔的天空。这里碧水荡漾。滇池、洱海、抚仙湖、程海、泸沽湖、杞麓湖、异龙湖、星云湖、阳宗海等湖泊，像一颗颗璀璨的明珠，镶嵌在云南高原上。这里江河澎湃。金沙江、澜沧江、怒江、红河、珠江、伊洛瓦底江等六大水系连通各民族共同的家园。这里是植物王国、动物王国、有色金属王国；这里气候温和、四季如春，是世界花园。

这里历史悠久。元谋人从距今约170万年前的远古走来。战国中晚期，庄蹻入滇，第一次连接了楚文化与滇文化。秦开五尺道、汉习楼船，云南正式纳入祖国版图。唐宋时期，南诏、大理国文化彪炳史册。元初正式建立行省。明清时期，云南经济社会得到长足发展。20世纪初，云南各族人民打响了护国起义第一枪，巩固了辛亥革命成果。在抗日战争中，几十万云南各族儿女征战沙场，扬我国威。西南联合大学谱写了世界教育史上的奇迹。

在这片红土地上，传承着红色文化基因，走出了王复生、王德三等早期马克思主义播种者，走出了无产阶级军事家罗炳辉，中华人民共和国国歌的作曲者聂耳，马克思主义大众化的中国第一人、中国共产党思想理论战线上的忠诚战士和学者艾思奇。20世纪30年代，毛泽东率领中国工农红军长征过云南，播下了革命火种。20 世纪 40 年代后期，中国共产党领导下的滇桂黔边纵队与中国人民解放军，在极端艰难困苦的条件下英勇作战，迎来了新中国的诞生！

这一切，催生了云南一系列独具特色的历史文化：史前文化、古滇文化、哀牢文化、爨文化、南诏文化、移民文化、护国文化、抗战文化、西南联大文化、红色文化，等等。

这里是民族文化的富集区、民族文化多样性的活态博物馆。25 个世居少数民族中有 15 个特有少数民族。民族文化丰富多彩、博大精深、底蕴深厚、特色鲜明，如彝族的毕摩文化，汉传、藏传、南传佛教文化，傣族的贝叶文化，纳西族的东巴文化，哈尼族的梯田文化等，还有各具特色的丧葬、婚姻、服饰、建筑、节日、歌舞、生态等文化形态。此外，还有各民族长期以来相互交融、相互学习、共同发展而产生的综合性文化，如茶文化、医药文化、烟草文化、驿道文化、青铜文化、石刻文化等，异彩纷呈，不胜枚举。

云南各民族的优秀文化是中华文化的重要组

成部分，是中华文化的瑰宝，是中华民族文化大花园中的奇葩。在长期的发展演变中，在红土高原上，云南形成了独具特色的历史文化、地域文化、民族文化，其突出特点是多样形态、多元一体、和谐共生。

在经济全球化、文化经济化、经济文化一体化的今天，文化既是社会生活方式，又是一种社会生产力，更是各民族共同的精神家园。在中国特色社会主义进入新时代的历史条件下，要深刻认识文化的作用，把精神的力量转化为物质的力量，把文化的软实力转化为高质量发展的硬实力。

习近平总书记指出："我们要坚持道路自信、理论自信、制度自信，最根本的还有一个文化自信。""要坚定文化自信，推动社会主义文化繁荣兴盛。""没有高度的文化自信，没有文化的繁荣兴盛，就没有中华民族伟大复兴。要坚持中国特色社会主义文化发展道路，激发全民族文化创新创造活力，建设社会主义文化强国。"这是党中央赋予我们这一代哲学社会科学工作者的历史使命。我们要承担起新时代的这一历史使命，就必须在新的实践基础上，坚持以社会主义核心价值观引领文化建设制度，推动文化的创新发展；必须深入挖掘传统文化资源，从中汲取历史智慧，引导云南各族人民树立正确的历史观、民族观、国家观、文化观，推动传统文化创造性转化、创新性发展；还必须为各族人民提供丰富的精神食粮，不断满足人民对美好文化生活的新期待。

云南省社科联为贯彻落实党中央关于繁荣发展哲学社会科学的重要部署，传承弘扬云南优秀传统文化，坚定各族干部群众的文化自信，决定组织全省有关专家学者编撰出版"云南史话"系列丛书，包括地方系列、世居少数民族系列、特色县市系列、民族文化艺术系列、重大历史事件系列等5个部分，每套丛书有20种，共计100种。这是一项规模宏大的系统工程，计划用5年左右时间完成。通过本套丛书，我们将深入挖掘云南宝贵的文化资源，认真梳理云南文化发展脉络，总结云南文化发展的特点及其规律，讲好云南文化故事，把云南历史讲明白，把云南文化讲精彩，把云南文明讲透彻，把云南经验讲深刻，使云南各族人民能够从历史中汲取智慧，从文化中获得自信，从文明中得到滋养，从经验中得到启迪，进一步增强文化自觉、坚定文化自信，正确认识和把握云南在全国发展大局中的地位和作用，立足新发展阶段，贯彻新发展理念，构建新发展格局，开创云南高质量发展的新局面，不断把习近平总书记为我们擘画的蓝图一步步变为美好现实，谱写好中国梦的云南篇章。

是为序。

云南省社科联党组书记、主席　张瑞才

2021 年 2 月

前　言

　　中国是一个统一的多民族国家，中华民族多元一体是我国的基本国情。几千年来，中华民族始终追求团结统一，各民族共同开发了祖国的锦绣河山、广袤疆域，共同创造了祖国的灿烂文化、悠久历史，形成了你中有我、我中有你的多元一体格局，维护民族团结和国家统一是各民族的最高利益。"中华民族和各民族的关系，是一个大家庭和家庭成员的关系，各民族的关系，是一个大家庭里不同成员的关系。"拉祜族，是中国最古老的民族之一。拉祜族历史文化传承作为本民族存在的基础，既是其先祖遗留给后人的宝贵财富，也是拉祜族生存、认同、发展的标识。文化的活力在传承中发展，在吸收中升华。拉祜族历史文化元素是少数民族历史、社会、政治、经济、生活和地理环境特点在民族观念上的反映，是一个民族智慧的结晶，它凝聚着该民族的感情、意志和追求，体现着民族精神，对于民族的心理素质、民族性格、思想道德、价值观念以及审美意识的形成起着重要的作用。《拉祜族史话》以历史文化为载体，以历史事实为依据，通过对拉祜族真实历史故事的讲述，再现拉祜族在不同历史阶段、地理环境和气候变化条件下，民族生存发展的文化痕迹。本书尽可能地带给我们许多拉祜族关于人类发展的生命信息，可以帮助我们去解读、探索、认知拉祜族甚至人类生命、思想发展的历程。

目　录

第一章　历史溯源

分　布

　　拉祜族分拉祜纳和拉祜西两大支系。从地域范围来看，拉祜纳支系主要分布在澜沧江以西；拉祜西支系主要分布在澜沧江以东。两大支系多数以聚落为单位，与哈尼族、佤族、傣族和汉族交错聚居，少数杂居。从区域范围来看，拉祜族主要分布在中国、缅甸、泰国、越南、老挝等国家，中国境内的拉祜族在31个省区市中均有分布，具体分布在澜沧江西岸，北起临沧、耿马，南至澜沧、双江、孟连、景洪和勐海等县。在澜沧江以东的景东、镇沅、景谷、金平、江城等县也有拉祜族居住。

云南省是拉祜族的故乡，省内拉祜族人口在1000人以上的县（区市）共计22个，分别隶属普洱市、临沧市、西双版纳傣族自治州、红河哈尼族彝族自治州和玉溪市。根据2010年第六次全国人口普查统计，中国境内拉祜族总人口数为485966人。

澜沧拉祜族自治县与思茅区、景谷、勐海、西盟、孟连、沧源、双江县相邻，西部的雪林乡和南部的糯福乡有8个村82个村民小组与缅甸接壤，国境线长80.56千米，是云南省25个边境县之一，全县总面积8807平方千米，为全省县（区市）级面积第二大县和全国最大的少数民族自治县。

族　源

拉祜族先民来源于古氐羌族群，拉祜族属古氐羌族群的后裔。夏商周三代，部分接受中原先进文化的羌人曾活跃于祖国历史舞台，为缔造祖国历史做出重要贡献。

在新石器时代晚期，羌人中有一支受彩陶文

化强烈影响的开拓者，由甘肃武都一带（即古歌中唱到的"北氏南氏"）经四川西部进入云南西北部，开辟了一条沟通南北的通道。公元前4世纪初，秦献公欲复先世霸业，以武力统一了西部，导致大批羌人迁离故地。其中，有部分种落在一位叫邛的首领率领下，循着新石器时代的通道大举南迁，"其后子孙分别各自为种，任随所之"（《后汉书·西羌传》）。羌人南迁可能前后连绵几个世纪，这是可见到的诸多古代文献记载的规模较大的一次迁徙。

拉祜族历史传说称自己的民族发祥地叫作"北氏南氏"，那里没有森林，没有灌木丛，大地茫茫一片，地上只长着矮小纤细的"色布草"。这一传说，也许就是世代相传的对青藏高原故土的一点依稀记忆。

南下羌人的社会发展很不平衡，经济形式也极为参差。《史记·西南夷列传》在概述西南夷各部分布情况及社会状况时提到，"西至同师以东，北至楪榆，名为嶲、昆明，皆编发，随畜迁徙，毋常处，毋君长，地方可数千里"。"巂""昆明"是南迁羌人中保存固有文化传统和经济形式较多的族系。

晋宁石寨山墓葬出土的铜俑和贮贝器（战国至汉时期）上的人物像，大致可区分出十一组不同服饰或发式的人物。其中，有一种男女均头梳双辫，身穿长可及膝的长袍的人物像。有的学者认为这种人物像即是昆明人的形象。在彝语支各族中，拉祜语与傈僳语最为接近，拉祜纳支系与傈僳族男女成员都曾经头梳辫子，身穿长袍。因此，这两个现代民族当同属于昆明人的后裔。据了解调查，今昆明官渡区彝族支系子君人的语言，有很大部分与拉祜语颇相同和相近。

昆明人共同的文化特征使他们足以同其他族群区别开来，但其内部已经孕育着新的族体文化。《后汉书·西南夷列传》称，建武十八年（42年），"姑复、楪榆、弄栋、连然、滇池、建伶、昆明诸种反叛"。汉晋时人们使用的"种"这一术语，约略相当于现代所使用的"支系"。"昆明诸种"

的出现，意味着昆明人内部业已存在许多具有文化个性的共同体。

　　近现代彝族称拉祜纳支系为大倮黑，称拉祜西支系为小倮黑。《云南通志》《伯麟图说》《楚雄府志》《他郎厅志》《宁洱县采访》均有倮黑的载录。《经世大典·招捕录》载，镇南州定边县有一个小地名"罗黑加"。"罗黑加"系彝语，为倮黑寨的意思。《西南彝志》卷五称，武氏族曾多次与骁勇善战的"赫"人作战。《三国志·蜀志·李恢传》称，李恢由平夷进攻建宁，被围于"昆明"。昆明作为地名出现于滇东，说明三国时滇东已有昆明人分布，故活动于滇东的武氏族完全有可能与古代拉祜族相遇。"赫"人当即是倮黑。大抵由于彝族奴隶主贵族势力的扩张，拉祜族进入滇东的部分后来被迫向西退回到滇中。

　　《爨龙颜碑》有"缅戎寇场"句。羌、夷、胡均可称戎，为一泛称，如《华阳国志》卷三称，"汶山郡……有六夷、羌胡、羌虏、白兰峒九种之戎"。澜沧江以西傣族多称拉祜族为缅。傣语称临沧为

"勐缅"，其在拉祜语中按四字联名习惯叫作"勐缅密缅"，都是缅人地方之意。汉族随傣族称拉祜族为"老缅"。"缅"的词义未明。《爨龙颜碑》"缅戎寇场"句，意为缅人寇犯边疆，与昆明人势力兴起的历史符合。

《新唐书·南蛮下》称，在戎州（今四川宜宾）西南边鄙分布有"锅锉蛮"。现代拉祜纳支系也自称"哥槎"，与"锅锉"语音相同。《新唐书》所述"锅锉蛮"分布的地域亦完全符合古代拉祜族分布的地域。"锅锉"在拉祜语、彝语、傈僳语中都是山地人的意思。疑"锅锉"本属"上方夷"之类的民族他称，其后，拉祜纳支系自己亦使用这一习惯性称谓。

在文献上出现拉祜族他称的同时，也出现傈僳族的自称。《蛮书》卷四载："栗栗两姓蛮，雷蛮、梦蛮皆在茫部台登城，东西散居。"由此可见，最迟到唐代，拉祜族和傈僳族均同时从昆明人这一族群中分离出来，成为具有自己民族文化特点的单一民族。

自称语音最接近现代拉祜族族名的有关文献记载，到清朝才出现。《云南通志》卷二四载："喇乌，临安、景东有之。"这是到目前为止所知道的最早的关于拉祜族族名的文献记载。

　　拉祜语的"拉"是虎的意思，"祜"是没有语义的语尾词。从语义上看，拉祜是用虎来命名的族称。

　　与古代拉祜族有秘密关系的傈僳族有虎氏族，称为拉扒，意为虎人。云南东部及小凉山地区彝族亦有虎氏族，称为罗波，意亦为虎人。可见，与四川毗邻的傈僳族和彝族都是用虎来命名的氏族。

　　用虎来命名的拉祜族族称和傈僳族、彝族氏族名称，同巴人崇拜虎可能有直接关系或受其文化影响。《后汉书·西南夷列传》称："廪君死，魂魄世为白虎。巴氏以虎饮人血，遂以人祀焉。"巴人祖先廪君死后化为白虎的传说，当是祖先崇拜与虎崇拜的结合物。四川巴蜀文化的戈、剑、矛、干（盾）、编钟架饰件等器物大量饰有虎纹，时代从战国延续至秦汉。这些分布地域广泛，延续数百年，雕刻于作为贵族礼器的兵器和乐器之上的虎纹纹饰，证实巴人普遍有虎崇拜的观念。不仅如此，在汉代的四川东部还有用虎来作族名的。《舆地纪胜》卷一七九《夔州路》称："通川志记梁山军忠州两界旧有汉刻石，著白虎夷王姓名，今其上刻汉时官属及白虎夷王及虎民等姓名，尚有可考，但字多磨灭。"王号白虎，成员称虎民，足见虎为一部族或氏族名称。巴人势力曾远及云南腹地，换言之，巴蜀文化曾对昆明人有过重大影响。由此观之，拉祜族的族称很可能与巴人虎崇拜有关系。拉祜族是到清中叶以后才相继借用汉姓的。这一历史特点，使拉祜族自秦汉以来虽经历多次大迁徙，分化为有方言和服饰差别的两大支系，但始终只有一个统一的民族的自称。这对于云南少数民族来说是个罕见现象。所以，拉祜族的民族自称可能起源于该族聚居在四川南部和云南北部时期。《后汉书·西南夷列传》所说的"昆明诸种"可能已经有了不同的称谓，其后随着民族的形成，这些不同称谓便成了民族的称谓。

拉祜族两大支系均自称拉祜，仅在以示有别的场合下才进一步说明是拉祜纳或者是拉祜西。拉祜纳和拉祜西两大支系有很多共同性，他们共同信仰"厄莎"为造物主，有基本相同的历史传说，有完全一致的双系制族内通婚关系史，有类型一样的半定居家庭公社聚落，更重要的是还有息息相关的民族欢乐和民族苦难。两大支系使用不同方言，衣着不同服饰，例如：拉祜纳妇女穿长袍，拉祜西妇女穿短衣筒裙。拉祜西妇女服饰与彝族部分支系和傣族服饰都可能有些关系。但有两点可以肯定：首先，晋宁石寨山墓葬青铜器人物图像，分为有编发的穿长袍者和身披毛皮没有编发的穿短衣筒裙者；其次，拉祜族在宋末大举南迁时，两大支系当已形成。

通常，把拉祜纳意译为黑拉祜，把拉祜西意译为黄拉祜。按拉祜语，"纳"既有黑色的意思，也有正宗、纯粹和高贵的意思；"西"与黄金同义，有黄色的意思，也有遗留、剩余和混杂的意思。

古代拉祜族没有姓氏，常以与迁徙有关的事件来称呼从异地迁来的新成员或分布异地的成员，例如：澜沧县大山乡拉祜纳他称"拉祜虚韦"，"虚韦"有掉队的意思；澜沧县糯福乡拉祜西自称"拉祜俄吾士拨格腊尾"，意为最先到达的拉祜；称勐海县拉祜纳为"拉祜列苏"，"列苏"有遗漏的意思；金平县"拉祜普"自述本属拉祜纳，"普"与银子同义，既有白色的意思，又有反抗的意思；耿马县拉祜纳他称"拉祜那门"，"那门"有和睦、顺从的意思；双江县拉祜纳他称"拉祜苏"，"苏"有遗落的意思。上述各种称谓词义，确与迁徙史实相符。由此看来，拉祜纳和拉祜西两大支系的形成，确有可能与宋代以前某次民族大迁徙有关。在两大支系中，拉祜纳支系较多保存了本民族文化特点。

传说中的拉祜族原始社会生活

拉祜族有相当丰富的世代流传的关于人类起

源和劳动生产的历史传说。

长篇史诗《牡帕密帕》叙述说，人类最初的祖先是从葫芦里孕育出来的一对兄妹扎迪和娜迪。扎迪和娜迪婚配之后生了9对孩子，这9对孩子其后又相互婚配繁衍出拉祜族、汉族、傣族、彝族、哈尼族、佤族等9个民族。每当盛大节日，拉祜族长者常用这首感人的史诗教育后代，各族人民血肉相连，同出于一个伟大祖先。

在劳动生产方面，传说古代拉祜族最初从事采集业，接着从事狩猎业，最后从事农业。

据长篇史诗《牡帕密帕》记载，古代拉祜族最初过着采集野生食物的生活，后来"吃光了甲哈草""啃缺了山梁子"，才花了整整3年的时间去追捕又肥又大的豹子和麂子。他们按照不同的自然条件从事社会生产，"早上到阿戈山，晚上到阿沃山打猎"，到"普洛河边""西洛河边"去采野果，此外还到森林里采割野蜂蜜。

古代拉祜族曾用火捕猎野兽。传说大火焚烧了三天三夜，大片森林化成灰烬。他们尾随着大火，在还冒着烟的灰烬里捡食兽肉。剩余的兽肉用竹筒储存起来。遇上大雨，雨水把储存兽肉的竹筒灌满了。他们把竹筒放在火里烧，煮熟了兽肉，从此懂得煮食肉类。

在狩猎经济时代，拉祜族用"扫把竹叶"剥兽皮，用竹刀和石器割兽肉。石器，在史诗里叫作"霞背拉查"。狗曾经是拉祜族狩猎生产的重要助手。狗的作用，使它在传说中享有不同寻常的位置。近代拉祜族也禁止杀狗和吃狗肉。

原始共产制时代已经是很遥远的过去了，我们所能追溯到的生产形式和分配形式只限于有了小家庭的集体生产形式和体现私有制产生初期的平均主义分配形式。按照口头文学的夸张描写，一头豹子身上同时插上 900 支标枪。值得注意的是，妇女也从事惊心动魄的狩猎活动。传说人物娜依就打过一头鹿，并把它按习惯法平均分配。所有猎获物都平均分配。史诗说，兽肉均等地割成一块块，连兽血也用壶装起来每人一份。

史诗记述说，古代拉祜族迁徙到望不到边的

"阿沃阿戈东"时，开始从事农业生产。他们用石斧伐树，用尖头木棍挖地。拉祜语称尖头木棍为"阿因"，有尖锐的意思。史诗在描述砍树的艰苦过程时提到，"三天三夜也伐不倒一棵树"。在早期农耕阶段，拉祜族种植一种叫作"楚"的小米，疑即古代北方汉族普遍种植的黍。初次尝试种植的古代拉祜族不懂节令的意义，其后才知道了按节令播种，作物才开花结实。史诗还提到，他们曾经使用一种叫作"哈背哈巴"的石板磨，以去掉谷物的皮壳。

　　据历史语言比较资料，开始跨进文明时代门槛的拉祜族，曾经同傈僳族有过相当密切的关系。拉祜语的动物词汇，如牛、黄牛、牛犊、马、山羊、猪、鸡、麂子、狼、野猪，以及雄、雌等词与傈僳语全同或半同，拉祜语的锄、刀、谷（总称）、豆（总称）、瓜（总称）等词与傈僳语半同或有对应关系。这些词语现象，说明古代拉祜族与傈僳族交错聚居时期曾栽培农作物，在聚落内有种类颇多的家畜饲料，同时也从事狩猎活动。

史诗记述，古代拉祜族最早使用的纺织原料是蚕丝，然后是麻、木棉。"木棉"这个词，拉祜语与傈僳语全同。纺织工具，如纺轮及坐式腰机各部件词汇，两族语言则完全不同。史诗记述与历史语言比较资料表明，古代拉祜族早就有了自己的纺织业，在与傈僳族分布同一地域时曾采用过木棉作纺织原料。这种木棉，《华阳国志·南中志》称作"梧桐木"，《太平御览》卷七九一所引《广志》称作"木棉树"。木棉纤维短，缺点是织成成品后幅窄而粗疏，优点是它是野生资源，同时也较易栽培。

古代拉祜族与傈僳族、彝族之间经常进行产品交换。"交换""市集"这两个词在这三个民族语言中半同或有对应关系；"货币"一词，拉祜语与傈僳语不同，可见当时的交换形式普遍是物物交换。数词"二""五""十"，拉祜语与傈僳语完全相同。拉祜族以三、七、九为表示数量多的大数，二、五、十这三个词属于表示数量极限的原始终数。因此，拉祜族与傈僳族或其他民族之间的产品交换虽然频繁，但绝对数量是不多的。产品交换的出现，说明在社会经济中产生了私有制。

古代拉祜族在南下迁徙途中，曾经与傈僳族一起分布于今四川盐源、会理和云南永胜、华坪一带。至迟到春秋战国时期，拉祜族迁入云南中部，从此与傈僳族分迁异地。

古代拉祜族曾实行过亚血缘群婚制。史诗《牡帕密帕》就记述有兄妹婚配的传说。同其他彝语支民族历史传说比较，拉祜族有兄妹婚配的传说，是把兄妹婚配作为合理的无须附加解释的客观历史事实来加以描述的。

近代拉祜族的亲属称谓中还比较完整地保存着亚血缘群婚的痕迹。近代拉祜族两支系的亲属称谓里，兄、姨表兄、舅表兄和姐夫都称"阿伟巴"，姐、姨表姐、舅表姐和嫂都称"阿伟玛"，弟、姨表弟、舅表弟和妹婿都称"阿里巴"，妹、姨表妹和弟媳都称"阿里玛"。这一亲属称谓现象说明了古代拉祜西支系在血亲范围内曾实行按年龄等级群婚的婚姻制度。所有母系的兄辈都是姐辈的丈夫，弟辈都是妹辈的丈夫，同样，所有姐辈或妹辈都是族内同辈男子的妻子。拉祜纳支系的姐夫、妹夫两词是汉语借词，但姐和嫂仍然同称"阿伟玛"，妹和弟媳仍然同称"阿里玛"。可见，拉祜纳支系同样经历过族内同辈群婚制。族内同辈群婚制，是世界各民族都经历过的原始婚姻制度。

古代拉祜族双系大家庭公社

古代拉祜族最初的社会组织是双系大家庭公社，这是在原始共产制公社解体后出现的。

拉祜族废除族内同辈群婚制之后，随之实行族内对偶婚制。在拉祜西支系的亲属称谓里，外祖父和祖父同称"阿布鲁"，外祖母和祖母同称"阿泌鲁"，姨父和伯父、叔父同称"阿帕"，姨母和伯母、叔母同称"阿默"，舅母和姑母同称"阿约"。此外，子、女、孙男、孙女也都内外不分，双系混杂。拉祜纳支系的亲属称谓也有类似现象，他们也是曾经实行过族内对偶婚制的。在实行族内对偶婚制时期，拉祜族的亲属关系出现比较稳定的夫妻关系和父子关系，但是，由于夫方与妻方或父方与母方都属于一个血缘集体，因而在血缘集体内部由父系与母系相互混杂而导致双系并存。

族内对偶婚制如同一座天然的桥梁，把若干对偶家庭相互结成实行共有制的大家庭公社。大家庭公社，拉祜语叫作"耶类玛"，意为大房子。澜沧县拉巴乡拉祜纳支系传说，当他们居住在耿马时，曾共居大房子，每座大房子有100多人，一个小家庭分居一间小住房。各小家庭之间可以通婚。生产工具集体所有，共同劳动，共同消费。拉祜纳支系迁居耿马，其实已是16世纪的事。调查资料显示，部分拉祜纳支系和拉祜西支系的双系大家庭公社还一直残存到解放前夕。长久以来，双系大家庭公社一直是拉祜族社会生产和社会组织的主要基础。

大家庭公社是一种集体所有制生产组织，对

内实行共有制，对外实行私有制。这种集体所有制生产组织，既是拉祜族古代文明的起点，又是拉祜族发展古代文明的基础。

古代拉祜族从事混合性的迁徙经济，即从事原始迁徙农业和山区漫放畜牧业，另辅以狩猎采集业。原始迁徙经济，势必导致没有永久的居住地，没有庞大的聚落，周期流动于广阔天地之间的各大家庭公社彼此亦很少往来。

随着农业生产技术的进步，与外界经济交往趋于频繁，古代拉祜族的社会组织也随之逐步地缘化。拉祜族半定居经济的特点是双重住地，即在永久住地周围另建立临时住地来适应大面积耕地轮歇。临时住地在拉祜语中叫作"班考"。在农业生产季节，大家庭公社中的各个小家庭分散到当年各片耕地居住，待收割完成，各个小家庭把粮食背回来集中储存，同时共居永久住地的大房子。双重住地制度，使有不同血缘关系的大家庭公社有可能在社会生产力还比较低下的条件下，组成地缘性的庞大聚落。这种庞大聚落的出现，显然亦为了适应军事斗争的需要。

地缘性的庞大聚落的出现，对古代拉祜族社会经济、民族文化的发展以及部落的形成起到极其重要的推动作用。此外，地缘化聚落为废除近亲通婚也提供了良好的客观条件。但是，古代拉祜族并没有随之形成禁止族内通婚的制度，并且在很长一段时间里没有彻底扬弃母系制度的残余，形成单一的父系制度，致使双系制顽固地被保存下来。这一历史特点，同古代拉祜族解决父系与母系之间的矛盾的特殊方式有重大关系。

拉祜族的大家庭公社实行共有制，但各个小家庭均拥有部分私人动产。这些私人动产随着各个小家庭在"班考"单独经营的发展而日渐可观，于是问题由如何处理私有财产转为如何做出世系制度的抉择。在这种情况下，通常会产生世系制度的转变，即用父系制度取代母系制度。但是，古代拉祜族却采取独特的方式加以解决，这就是"奥者奥卡"制度。

"聚落"一词，拉祜语叫作"卡"，原意是

同一方向或同一血统。标志一个个体家庭私有制生活的火塘，拉祜语叫作"卡兹别"，意思是分开的"卡"。可见，个体家庭是从"卡"分离出来的，而"卡"原则是由血亲组成的大家庭公社，其后相沿成为地缘聚落的名称。"奥者奥卡"，意为"卡"的族类，即血亲内部按性别区分的集团。男性祖先及其兄弟的男性后代属于同一个男性"奥者奥卡"。女性祖先及其姐妹的女性后代属于同一个女性"奥者奥卡"。两性"奥者奥卡"实际上是按父系和母系划分的两个不同性别集团，这两个集团之间包括血缘近亲的同胞兄弟姐妹。因此，每一个血缘的"卡"和"卡兹别"成员，都按性别分成两半，分别隶属于两个"奥者奥卡"。

随着聚落的地缘化，在一个地缘聚落内部会同时存在若干个"奥者奥卡"，但是两性"奥者奥卡"的数目并不一定相等。近代澜沧县糯福乡拉祜西支系、勐海县布朗山乡和耿马县富荣乡拉祜纳支系，还不同程度地保存有双系制"奥者奥卡"制度。

《蛮书》卷四称唐代傈僳族为"傈僳两姓蛮"。

所谓"两姓蛮",疑即任何一个聚落都由两个氏族组成一个婚姻联盟的两合组织。古代拉祜族虽与傈僳族关系密切,然而把同一血统成员按性别分成两个半边的"奥者奥卡"组织显然不属于两合组织。据调查,拉祜族排除姨表婚后实行姑舅表单行从表婚或姑舅表交错从表婚,亦即按父系计算建立单行的环状婚姻联盟或可逆的交错婚姻联盟。这两种婚姻联盟与特殊的双系制"奥者奥卡"组织均无必然的联系。

古代拉祜族之所以把同一血统成员按性别分成两个半边,主要是为了解决男性成员与女性成员的私有财产继承问题。按拉祜族古老的财产继承法,父母去世,父亲遗产给儿子,母亲遗产给女儿;如果是绝嗣户,男女双方财产分别由其所属"奥者奥卡"成员平均继承占有。由此观之,双系制"奥者奥卡"制度本质是解决父系与母系发生私有制冲突的方式。

由于父系与母系长期势均力敌,古代拉祜族自然既没有母系的家庭制度和氏族制度,也不可能有父系的家庭制度和氏族制度。所以，古代拉祜族虽与傈僳族关系密切，却没有傈僳族那样发达的氏族图腾崇拜；拉祜族虽亦有母子连名和父子连名习惯，却没有如同彝族那样一脉相承的世系名谱。

家族和氏族意识的贫乏，在拉祜族古代历史中并非消极因素。由于没有家族的和氏族的血缘界限阻隔，古代拉祜族能比较顺利地完成社会组织地缘化的过程和形成整体的民族观念。没有家族和氏族的界限阻隔，再加上大家庭公社共有经济，势必导致古代拉祜族的村社部落组织具有非常坚固的地缘内聚力量。也许正是这些起源于双系大家庭公社的历史特点，使古代拉祜族部落常常因局部性的历史事件而迅速结成广泛的政治军事同盟，举行大规模的民族大迁徙。

拉祜族的双系制是与大家庭公社共有制并存的。随着大家庭公社解体，母系一方"奥者奥卡"在历史上消失，父系一方"奥者奥卡"便成为包括两性成员的单系通行制度。

昆明人社会与汉武帝置益州郡时的拉祜族

最迟到战国时代，拉祜族先民就已迁入云南，劳动生息于广大山区。他们与其他彝语支系结成具有共同文化特点的族属集团，即汉代时人所说的昆明人。

据对晋宁石寨山墓葬青铜器人物图像的研究，汉代时昆明人已经脱离原始时代，创造了相当可观的古代文明。男女都头梳双辫，身穿长袍，使用长形盾牌。

《史记·西南夷列传》称昆明人"皆编发，随畜迁徙，毋常处，毋君长"。司马迁把西南各族的经济形式区分为"或土著，或移徙"两大类型。他对昆明人经济形式的记述着重其迁徙经济的性质，事实上昆明人并非从事单一的游牧经济。历史语言比较研究表明，古代拉祜族与傈僳族在原始公社末期就已经出现原始农业。大抵昆明人从事混合性的迁徙经济，即兼事原始迁徙农业和山区漫放畜牧业，此外狩猎采集业也占一定比重。

昆明人各部互不统属，整个族属集团尚未形成实行等级制度的政治组织。就古代拉祜族而言，可以推知他们当时过着族内对偶婚制的大家庭公社生活，只有由若干大家庭公社组成的村社组织，还没有部落组织。

昆明人常与比他们进步得多的滇人发生战争。以滇池平原为活动中心的滇人已经建立早期国家，其后接受汉王朝册封。从晋宁石寨山青铜器人物图像可以看到，与滇人作战的对手均是头梳双辫的昆明人。他们或战死疆场，或成为俘虏。战败的昆明人面临两种命运：一是被迫沦为滇王附庸，定期纳贡。在一个重现纳贡场面的贮贝器上，共21人，有牵牛者、牵马者、肩负盾牌者、头顶箩筐者，服饰各异，其中就有昆明人。二是沦为奴隶，有一件铜饰牌刻画2个滇人武士手提人头，脚踏战死者尸体，领着1头牛、2只羊和背着小孩的编发妇女。此外，一些铜牌片上还刻画身戴枷锁的奴隶和牛、马等贵族财富清单。昆明人是被滇人奴隶主贵族掳掠为奴的主要对象。由云南经四川输入关中地区的"滇僰僮"，应当有不少是被滇人奴隶主贵族掳掠的昆明人。

　　昆明人与巴蜀商贾有相当频繁的贸易关系。川滇交通要道有两条，东道为五尺道，西道为青衣道。青衣道由雅安经会理到晋宁，正好穿过昆明人分布区的东部。此外，《史记·大宛列传》称，昆明人"西可千余里有乘象国，名曰滇越，而蜀贾奸出物者或至焉"。由蜀至滇越，走的是穿过昆明人分布区西部至腾冲的通道。临邛巨富卓氏、程氏，以奴隶劳动鼓铸铁器，"贾滇蜀民"（《汉书·货殖传》）。昆明人分布区近临邛，当有巴蜀商贾足迹。巴蜀商贾换取的物品是奴隶和马、牛。昆明人牧养大量马、牛、羊。东汉初年，刘尚镇压"昆明诸种反叛"，曾掳获"马三千匹，牛羊三万余头"（《后汉书·西南夷列传》）。昆明人放牧业之盛由此可见。拉祜族古情歌常常提到骑马，用飞奔的马比喻奔驰之迅速和急切之心情。耿马县富荣乡拉祜族善养家畜，唯独禁止养马和羊，说马和羊窜入房屋不吉利，这也许是表现在宗教意识上的异常心理。拉祜族很早就饲养牛，但使用牛耕却很晚，这说明早期的牛饲养业是以肉食和交换为目的的畜牧业。山区牛饲养业的特点是将牛漫放于山林之中，让其自然繁衍成群，积之数年，饲养者据母牛标记各自领回数量可观的牛群。汉初曾关闭川滇贸易，"巴蜀民或窃出商贾，取其筰马、僰僮、髦牛，以此巴蜀殷富"（《史记·西南夷列传》）。看来，昆明人有不少马牛以贱价输入巴蜀。晋宁石寨山墓葬贮贝器上有肩负盾牌纳贡的昆明人，昆明人的盾牌也可能是远销内地的著名"滇盾"。估计，昆明人用马牛等畜产和盾牌之属手工产品，向巴蜀商贾换取铁器、弩机和盐等物品。

张骞出使西域，发现有一条由四川经云南、身毒（印度）至大夏（阿富汗北部）的通道。汉武帝因河西走廊通道为匈奴所阻，川滇西部通道又为氐羌所阻，遂遣使至滇求通往身毒的通道。"滇王为求道十余辈。岁余，皆闭昆明。"当时分布于滇东北的劳浸、靡莫等族属集团侵扰汉使者。

公元前109年，汉武帝平定劳侵、靡莫，兵临滇国，滇王举国降。西汉王朝以滇国置益州郡，仍命滇王继续统治其臣民，同时命他协助打通通往身毒的通道。

据《华阳国志·南中志》载，滇西地区分布有"身毒之民"。学者认为，晋宁石寨山墓葬青铜器图像中的深目高鼻、穿长裤、盘发脑后为长形髻、蓄长须、佩长剑，或牵牛纳贡，或持钺舞蹈者，可能即是"身毒之民"的形象。然而，在益州郡通往滇西的通道上，分布着对滇人怀有敌意的昆明人。

西汉王朝曾十多次派遣使者由益州郡前往身毒。这些汉使者都携带着许多通好的礼物，但是，"皆复闭昆明，为所杀，夺币财"（《史记·大宛列传》）。从公元前109年起，汉武帝多次出兵进攻昆明人。后数年，"并昆明地"隶益州郡治下（《后汉书·西南夷列传》）。昆明人分布区从此正式列入祖国版图。

汉武帝初置益州郡，采取"以其故俗治，毋

赋税"(《资治通鉴·汉纪》)的政策。对各级首领、头人亦厚赐缯帛。郡治的行政开支、补给和赏赐费用，均由四川长途跋涉输送。王朝政府当时认为，"散中国肥饶之余以周边镜，边境强则中国安，中国安则晏然无事"(《盐铁论·广地》)。但是，千里运送物资，途中耗费极大。单以粮食一项计，因郡治无赋税收入，由川输滇"率十余钟致一石"(《史记·平准书》)。于是，"汉乃募徙死罪及奸豪实之"(《华阳国志·南中志》)，即采取移民屯田的办法，以解决郡治的财政来源。上述政策措施，对于稳定边疆地方政权，推动边疆开发事业起到重要作用。

汉武帝开发云南，设置郡县，在客观上促进了各族人民的文化交流，发展了云南地区的社会经济，开拓了祖国的疆土。昆明人分布区并入中国版图，不仅有利于中西交通，方便中国与东南亚各国人民友好往来，而且也结束了昆明人与各族人民之间的隔绝闭塞状态。益州郡建立后，昆明人开始走上长足发展的道路，一个初步进入文明的族属集团先后孕育形成拉祜族、傈僳族、纳西族等单一族体和部分彝族支系。

蜀汉置云南郡与拉祜族原始采矿业

《新唐书·南蛮传下》称，在戎州西南边鄙，"北又有浪稽蛮、罗哥谷蛮。东有婆狄蛮、鸟皮蛮。南有离东蛮、锅锉蛮。西有磨些蛮，与南诏、越析相姻娅。""锅锉"即拉祜族。它表明拉祜族已从昆明人族属集团中分离出来成为单一族体，同时也表明拉祜族在地方上形成了不可忽视的政治力量。

唐代拉祜族以新的姿态出现，是长期以来社会经济有了显著发展的结果。

按《新唐书·南蛮传下》所述地来看，锅锉人当分布在蜀汉所置的云南郡。诸葛亮定南中，于蜀汉建兴三年（225 年）"改益州为建宁，以李恢为太守，加安汉将军，领交州刺史，移治味县。分建宁、越嶲，置云南郡，以吕凯为太守。又分建宁、牂牁为兴古郡，以马忠为牂牁太守"（《华阳国志·南中志》)。云南郡为蜀汉所统辖的云南和四川、贵州部分地区等西南三个重点行政区划之一，可见其地位之重要。云南郡领县七，即今祥云、姚安、丽江、大理、巍山、永胜、大姚等。

诸葛亮还军后，地方大姓发动叛乱。蜀汉庲降都督李恢讨平叛乱后，"徙其豪帅于成都"(《三国志·蜀志·李恢传》)。《华阳国志·南中志》称，云南郡"有上方夷、下方夷。亦出桐华布。孔雀常以二月来翔，月余而去。土地有稻田、畜牧，但不蚕桑"。"上方夷"是山地民族。锅锉，按拉祜语、彝语正是山地人的意思，用当时汉语来说就是"上方夷"的部分。

古代拉祜族大抵习惯居住于山地，到了三国时代仍保留昆明人善于畜牧的传统，但亦有了"稻田"。

诸葛亮治理南中的基本政策，一是"皆即其渠帅而用之"(《三国志·蜀志·诸葛亮传》)，一是"赋出叟、濮，耕牛、战马、金银、犀革，充继军资"(《三国志·蜀志·李恢传》)，也就是任用少数民族首领管辖地方行政，并征赋军资。这一政策，对推动拉祜族社会经济的发展、促进地域性社会组织形成、强化部落首领职权起到重要作用。

拉祜族使用金属的历史相当悠久。拉祜族早期使用的铁器是由外族输入的，其中，巴蜀商贾输入的铁器尤其多，但云南地区矿业开发相当早。东汉时期，益州郡因有"金银畜产之富，人俗豪忕，居宫者皆富及累世"（《后汉书·西南夷列传》）。至三国时期，蜀汉"出其金银、丹漆、耕牛、战马，给军国之用"（《华阳国志·南中志》）。大抵在金银矿业的推动下，云南地方出现了铁矿业。按史诗所述，古代拉祜族可能先用烈火使岩石膨胀，然后用原始的骨制和角质工具采掘矿石。拉祜族的冶炼技术显然是由彝族介绍过来的。秦代初年，具有当时世界最高水平之称的中原冶炼技术由汉族移民带到四川临邛，其冶炼技术随产品输入云南，特别是输入到大量使用奴隶并以奴隶交换铁器的彝族地区。因此，古代拉祜族在冶炼铁矿上完全有可能越过生产硬度不大的块炼铁阶段，直接经彝族铁匠教授生产生铁和韧性铸铁。史诗叙述说，拉祜族有了自己生产的铁工具之后，在"三架山梁""三条箐上"种了谷子，随后又种了棉花（木棉）和甘蔗。

　　除了《牡帕密帕》外，口头文学《追蜂子》也提到铸造铁锅煮蜂蜡。《追蜂子》写作时间虽难断定，但据拉祜语有"铁水"这一词汇，可信在某个历史时期曾有过铸造工艺技术。拉祜族的冶炼业是确有传统的，解放前澜沧、孟连拉祜族生产的长刀号称缅刀，颇有名气。

　　普及使用铁器工具，促使拉祜族的农业生产由迁徙农业发展为半定居农业。古代拉祜族的半定居农业采用双重驻地制度，因而有可能形成庞大的地缘结合组织，也为部落形成和部落联盟形成奠定了基础。

拉祜族部落的兴起及其与爨的矛盾

　　在彝语支各族中，只有彝语和拉祜语有"苴摩"

这个词。"苴摩"原属彝语，为部落首领或土司的称谓。拉祜语只有村社头人"卡些"（统管宗教和行政的村寨头人）这个词，称呼部落首领或土司则借用彝语"苴摩"。因此，拉祜族原来只有血缘的或地域的公社组织，其后随着与彝族政治经济交往日深，本民族产生了部落组织，于是借用了彝语"苴摩"来称呼本民族的部落首领。

《新唐书·南蛮传下》称，乌蛮各主盟部落首领"大鬼主"在宗教活动期间向各附庸部落首领"小鬼主"征集各式各样的贡纳。这种"鬼主"贡纳制度渊源甚早。晋宁石寨山墓葬中有一个贮贝器表现各附庸部落来朝并贡纳的场面，有三个贮贝器表现杀人牲祭祀过程的场面。这四个贮贝器连在一起，便是在特定宗教祭祀活动期间，各附庸部落向滇王朝见并缴纳贡品的场面。《史记·西南夷志》卷九载，彝族勿阿纳氏族征服贵州西北部的"果"人之后，逢举行宗教祭典，"果"人带来自己的贡品陈列在勿阿纳氏族的祭坛之下。直到清代，拉祜族社会还实行政教合一。因此，可以相信在彝族大姓的影响下，古代拉祜族也曾实行"鬼主"贡纳制度。

魏晋南北朝时期，南中"大姓"一方面推行具有强烈人身依附关系的部曲制度，一方面掳掠人口为奴，掠夺财富，兼并土地。整个云南地区政治斗争活跃，军事活动频繁。西晋王朝曾一度把建宁、兴古、云南、永昌四郡并为宁州，其后又罢宁州建制，置南夷校尉，"持节统兵镇南中，统五十八部夷族都监行事。每夷供贡南夷府，入牛旃马，动以万计"（《华阳国志·南中志》）。西晋王朝的改制，实质上已把地方行政权完全委于各部首领，仅以军事力量维持政治上的隶属关系和搜求沉重的贡赋。这一政策的实施，说明南中"大姓"割据势力的成长。嗣后，西晋王朝覆灭，中原陷于混战局面，封建割据势力的斗争波及云南。到了东晋初年，南中"大姓"爨氏乘乱举兵叛晋。在这样的政治局面下，拉祜族部落首领也统一了本民族各部势力，并兴兵进攻西爨割据政权。

为爨氏树碑立传的《爨龙颜碑》称："岁在壬申，百六遘屯，州土扰乱，东西二境，凶竖狼暴，缅戎寇场。"壬申年为刘宋元嘉九年，即432年。"东西二境，凶竖狼暴"当指拉祜族部落首领从西部进攻爨氏，"赵广寇益州，陷没郡县"（《宋书·文帝纪》），从东部进攻爨氏。赵广暴动后为刘宋州府官兵所镇压，使爨龙颜得以率区区五千之众与拉祜族部落首领周旋。由于爨龙颜的军事活动主要在西部边境，故他把"缅戎寇场"放在突出位置，并在击败拉祜族部落首领军事力量之后受封为"龙骧将军护镇蛮校尉宁州刺史邛都县候"。"缅"是拉祜族的彝语他称。"缅"人进攻爨氏，表明拉祜族强大的部落首领业已统一本民族各部，形成了一股割据势力。东晋后期与刘宋时期，王朝政权不断向宁、益二州派遣官吏，与爨氏割据政权争夺地方行政控制大权。"元嘉九年（432年），刘宋派遣有军事政治斗争经验的王天宝出任宁州刺史"（《宋书·武三王传》）。正是这位有才能的王天宝到任宁州的时候，"缅"人东伐爨氏的事件发生了。刘宋王朝与爨氏割据政权是明争暗斗的关系，因此，很难排除拉祜族部落首领的军事活动没有得到宁州刺史王天宝的默许或支持。

拉祜族部落首领战败后，爨氏乘胜扩张势力，在刘宋王朝的刺史行政体制之外形成割据势力，史称西爨。隋开皇十七年（597年），史万岁率兵攻西爨，他的军队由今大姚入境，经姚安、祥云、弥渡之后方才与西爨军相遇。这四个县境是与爨人有宿怨的拉祜族的主要分布地区，因此，隋代拉祜族部落极有可能积极支持并参与史万岁讨伐西爨的统一战争。

唐初，王朝政府对云南各族采取"授其豪帅为牧宰"（《旧唐书·韦仁寿传》）的政策。唐王朝政府在拉祜族地区分别置匡州（今祥云一带）、髳州（今大姚一带）、哀州（今姚安北）、徽州（今姚安北）、姚州（今姚安）等，这些山区可能就是拉祜族和彝族等部落分布的范围。

宋末民族大迁徙时期的拉祜族

唐代中叶，南诏崛起，建立幅员广大的地方割据政权。拉祜族各部落隶属于南诏政权统治下。南诏末年，统治阶级内部互相倾轧，政权几经更替。937年，白族段思平建立大理地方政权。根据拉祜族历史传说，他们由"八卡南卡"迁至大理时，曾向大理王进贡过鹅，与大理王情同手足，同床而卧，同桌而食。大理王封赐了他们一个洱海，从此拉祜族大批迁徙到那附近居住。洱海，拉祜语叫"密此洱波"，具体地理位置不详。

关于拉祜族和大理国的关系，汉文史料没有记载，学者说法不一，姑且存疑。在本书中则选用一种说法，也就是在937年，白族段思平以赦免徭役为条件，联合起东部乌蛮三十七部推翻"大义宁国"，建立"大理国"。之后段氏履行诺言，免除乌蛮三十七部全部徭役并赐地分封。971年，段氏与乌蛮三十七部"共约盟誓"，建立"务存久长"（《大理国三十七部会盟碑》）的特殊关系。

乌蛮三十七部名称见《滇史》卷七。至大理末年，段氏与乌蛮三十七部关系破裂。经连年战争，三十七部为段氏所战败，这很可能是引起拉祜族南迁的原因之一。

1253年，蒙古族忽必烈率军由宁夏、甘肃经四川进入云南，平定大理。1254年，元将兀良合台"攻诸夷之未附者"（《元史·宪宗本纪》）。他采取大屠杀政策，"不二载，平大理五域、八府、四郡洎乌、白等蛮三十七部"（《秘涧先生大全文集·兀良氏先庙碑铭》）。这次历史事件亦有可能引起重自由而轻迁徙的拉祜族大举南迁。

从拉祜族大迁徙方向判断，宋代拉祜族应聚居于巍山、弥渡一带山区。"弥渡"一词在拉祜语中是火烧地的意思。拉祜族大迁徙分东西两路。据历史传说，当时有三条狗尾巴毛那么多的拉祜族从东路迁徙，有三碗苏子籽种那么多的拉祜族从西路迁徙。当他们渡过"纳古够河"之后，河水三天三夜浑浊不清。东路以拉祜西支系为主体，他们顺哀牢山西侧和无量山东侧南下景东、景谷，其前锋到达西双版纳、思茅、墨江。金平县拉祜西是在坎坷征途中走得最远的部分。西路以拉祜纳支系为主体，沿巍山、云县到达临沧。

从东路迁徙的拉祜西支系以景谷、景东为主要聚居地。当地傣族称这部分拉祜族为"目舍"。上述地区，最初是由银生节度统治的布朗族、哈尼族分布地区，其后为傣族金齿部和阿部所据。拉祜西支系迁入后与傣族贵族构成贡纳制的隶属关系。元代，傣族贵族率部归附，属威楚路管辖。明代，改路为府，封傣族刀氏为土知府及土知州。明代以后，傣族的封建领主经济日渐成熟，拉祜西支系各部落也随之被纳入傣族的封建制经济体制。在清中叶以前，景谷、景东拉祜西支系还保持着双系大家庭公社。他们以大家庭为单位向傣族土司缴纳贡赋，承担劳役地租。拉祜族的部落首领和村社头人的身份地位也发生质的变化。他们接受傣族土司的封赐，成了封建统治的基层官吏，同时也享有征集劳役的特权。

从西路迁徙的拉祜纳支系是大迁徙队伍中的

主体部分，他们聚居在临沧地区。傣族称这部分拉祜族为"缅"。临沧，傣语叫"勐缅"，拉祜语叫"勐缅密缅"，都是缅人的地方的意思。澜沧县东河乡拉巴寨拉祜纳支系传说，他们原居临沧，后迁耿马，在耿马时期，分3个寨子居住，由3个"卡些"管辖，共30户。部落首领叫洛底巴。这3个寨子的人分居3处共同劳动生产，分3个地方吃饭。每寨有专人做饭，吃饭不用碗，不分家庭，人到齐就吃。每寨有2道寨门，寨内有若干大房子，每座大房子共居住有100多人，每个小家庭则分居1间小住室。各小家庭之间可以通婚。他们已经懂得种水田，使用铁工具。所有生产工具实行共有，集中存放在一起。临翔区至今还有娜招、娜戈这两个用拉祜族妇女名字命名的小地名，当是双系大家庭公社时期遗留下来的古地名。勐海县巴卡囡、贺开的拉祜纳原居临沧，直到解放前夕还保存有双系大家庭公社。14世纪中叶，傣族继拉祜族之后迁入临沧。据傣族《俸氏族谱》载，俸氏于1381年（明洪武十四年）从征有功,被授为土舍;1593 年或 1597 年(万历中期)又从征有功,被授为勐缅长官司,成为临沧地区最大的封建主。临沧拉祜族部落首领曾多次举兵反抗傣族土司统治,后兵败迁徙到双江、耿马、沧源、澜沧和孟连等地。拉祜族在上述地区因屡受挫折,力量单薄,被迫集体沦为所在地区的傣族土司的农奴或贡纳制隶属农民。

拉祜族地区的改土归流与斗争

从 18 世纪 20 年代开始,拉祜族的历史进入了一个以反抗封建领主的压迫剥削为中心的战斗频繁的时代。拉祜族人曾先后与傣族、佤族、汉族、哈尼族、布朗族等族人民联合起来,共同进行反封建压迫的起义斗争,大小战斗前后共达 20 余次。斗争浪潮前仆后继,此起彼伏,席卷了整个拉祜族分布地区;战斗断断续续,但始终没有停息过,贯穿着 18、19 整整两个世纪。由于斗争的区域广、时间长,战斗频繁,参与战斗的民族多,这就促使不同地区拉祜族的社会经济发生了不同程度的发展和变化。同时，澜沧江东西两岸各民族地区间的经济和文化交往也就更加紧密起来。

在长达两个世纪的斗争年代中，从斗争发展的具体情况来看，大致可分为前后两个时期。前一时期，从1728年至1807年，即清王朝雍正、乾隆、嘉庆统治时期，也正是清王朝在拉祜族地区实行改土归流时期。拉祜族反对傣族领主封建压迫剥削的斗争的领导权，由于部分地区被傣族土司头目所夺，因而斗争的目标和对象逐渐被移为主要反对清王朝在改土归流过程中派到拉祜族地区的个别贪官污吏。嘉庆以后为后一时期，主要是从1887年至1920年，即清光绪十三年（1887年）至民国初年。在此期间，由于斗争的领导权一直掌握在拉祜族群众领袖的手里，拉祜族人反对封建压迫的斗争实质，就更鲜明地表现出来了。在这一时期的历次起义斗争中，阶级矛盾一直是主要矛盾。到1918年，拉祜族农民的起义斗争开始突破了民族的界限，斗争的矛头直接指向本民族的土司领主。

经过 1728 年至 1733 年的暴动以及清政府对暴动的各族农民的残酷镇压之后，有部分拉祜族部落又举行一次局部的迁徙。他们有的越过澜沧江迁入澜沧县，有的顺元江南下寻找新住地，也有的退入森林。退入森林的拉祜族，社会经济产生了严重倒退。《云南通志》卷二四称："喇鲁，居崖穴，衣麻布，捕山禽野兽为食，赋役俱无。"这些退入森林、赋役俱无的"喇鲁"，可能是拉祜族的一支，据记载，澜沧江以东各县多有分布。《思茅县探访》称："野古宗，貌深黑，居岩石崟岏处……无室庐也。镇沅州及元江有之。"《他郎厅志》称："倮黑，……不事耕作，以捕猎为生。男女皆短衣袴裙。遇有仇隙，以勇悍为能。"以上各地拉祜族，属拉祜西支系。此外，分布在凤庆、云县的拉祜纳支系也有同样的倒退现象。《伯麟图说》称："大黑，……穴居野处，拾荑稗，不足，采瓜蔬、捕猎麂以供食，顺宁府属（府治今凤庆县）有之。"显然，这部分拉祜族经过战争和迁徙，他们宁可回到森林中过着原始迁徙农业和采集狩猎相结合的落后经济生活，也不接受贪官污吏的压榨欺凌，本来就不很发达的社会经济受到了严重破坏。

近代拉祜族地区的封建领主制

澜沧县西南部、孟连县、西盟县、耿马县、沧源县以及西双版纳等地的拉祜族，其社会经济特点是在十分落后的生产条件下，带着相当浓厚的原始经济关系残余，由于历史原因而被纳入傣族土司的领主经济制度之中的。本类地区同样是多民族的交错聚居区。拉祜族与佤族、哈尼族、布朗族等族彼此以自然村为单位交错聚居。

经济生活主要是从事山地农业，另外还有狩猎、采集和养蜂等。

农业工具，如犁、锄、镰、刀、斧等多从傣族、汉族地区输入，本民族铁匠只会修理农具，一般不会制造农具。这些铁农具由于离产区远，交通阻塞及中间商抬价，所以价格昂贵，例如：买一张犁至少要120斤谷子，这是一个全劳动力3个月的口粮。因此，有许多地方的拉祜族农民就用竹木制农具来代替昂贵的铁农具，如钐草用的竹刀，挖土碎土和除草用的木锄或竹手铲，点种用的木矛，等等。各地农村的铁农具都普遍缺乏，如勐海县巴达乡新抚掌寨，共24户181人，总共只有21把锄头、4把砍刀、2把刀。

本类地区水田很少，有许多自然村根本没有水田。山地农业的耕作方法，通常是把树木砍倒烧光后犁耕或锄耕，但也有不犁、不锄、不中耕，播种后任其自生自长的。粮食作物有旱谷、苞谷和荞三种。拉祜族农民根据这三种作物的特征，普遍采用第一年种荞，第二年种旱谷，第三年种苞谷的轮作制。为了保证每年度都有相当数量的旱谷种植面积，第二年度的耕地面积一般占现耕地总面积的3/4。因此，年年都有土地丢荒，也年年都要开拓新的耕地。山区耕地分散，东一坡，西一坡，相距很远。拉祜族农民为了适应山地作业的特点，减少每天消耗在路途上的往返时间，在较远的耕作地上盖有称为"班考"的临时住宅。

澜沧县糯福乡和西双版纳部分自然村的拉祜族，每年至少有7个月住在"班考"里。这种刀耕火种、广种薄收的山地农业，单位面积产量很低。

在经济生活中起辅助作用的生产活动主要是季节性狩猎、采集和养蜂。季节性狩猎，一方面由于现实生活的需要，一方面也作为传统习俗而成为一项重要的生产活动。每年10月至次年2月，拉祜族男子带着弩弓、没有铁镞的竹箭和口粮到森林里打马鹿、麂子、黑熊和野猪。各种猎获物除兽头、兽皮及可以作药材出售的部分外，其余按古老的规矩在家族或村社的范围内平均分配。本类地区每年至少有80%的人口缺粮6个月。缺粮期间，采集是由妇女和儿童担任的。通常采集的野生植物有红毛薯、山葫芦、地枇杷、鸡嗉果、马尾根、树丝包和苦莲子，等等。拉祜族善于养蜂，每家屋檐下有一两个蜂桶。他们还用红线缚住野蜂的跟踪方法寻找野蜂巢，采割野蜂蜜。蜂蜜和兽皮用来换粮食度荒。拉祜族农民在追述解放前的生活状况时常说："我们过去的生活，就是追山和找蜂子。"

　　手工业的发展，各地也很不平衡。澜沧县西南部和孟连县拉祜族善于打制长刀。这里有不少自然村备有公用的炉子和打铁工具，只要有铁和炭就可以自己动手开炉制刀。拉祜族长刀颇受邻近各族欢迎，为当地传统商品。耿马县福荣乡芒美村拉祜族铁匠会打制长刀、锄和一种当地流行的铁扁斧。但是，不少自然村的拉祜族铁匠只会修理小农具。编织物有箩、背篓、簸箕、筛子、竹箱、饭盒等。有些村子以擅长某种编织物的手工业生产著称，如耿马县福荣乡芒美村精于编织竹箩和背篓，南乖村精于编织簸箕和筛子。妇女普遍从事纺织及饲养业。

　　本类地区拉祜族没有自己的初级市场。他们通常到傣族初级市场交换物品，也有少数傣族、汉族小商贩直接到拉祜族村落贩卖商品。商品交换有物物交换和货币交换。物物交换背后还残存着注重外观数量相等的价值观念，例如：一个竹箩的价值等于注满该竹箩的稻谷的价值。拉祜族的商品生产除个别地区是以生产为数不多的铁工具外，其他的商品生产的原料主要是编织物、兽皮、蜂蜜、家畜和做床垫用的鹿尾巴花之类的野生植物等。对外换取的物品主要是粮食、烟草和铁农具。

　　本类地区除沧源县少数自然村外，均处于孟连、耿马、西双版纳等地傣族土司的封建统治下。最高土地所有权属于傣族土司。拉祜族农民通过本民族的村社组织来使用和占有土地。拉祜族村社属于山地村社类型，没有定期分配土地的制度。任何一个村社成员都可以按照自己的实际需要或生产能力，自行号地占有使用。每年5月至7月间，村社成员就各自号地供明年使用。号地的方法是在选好的抛荒山地四周铲草圈定范围，然后捆一束草留下或砍树做记号，以示已经有人占用。山地占有期限是由土地的可耕期限决定的，如土地可耕2年就占有2年，可耕4年就占有4年。等到土地抛荒后，原占有者就自动放弃对该土地的占有权，这叫作"蒿枝开花随人种"。蒿枝是野生的多年生草本，土地抛荒一年后蒿枝即开花。

因此，拉祜族村社是采取每一成员都有同等的自由号地权的方式，来实现土地的平均分配。但是，如果轮歇地被私人加工改造为固定耕地（水田或固耕旱地），土地占有权便随之固定下来，并由此而具有私有性质。它可以世代继承，在村社范围内赠送和买卖。不过，在拉祜族村社中，这类固定耕地还为数很少。

拉祜族农民对傣族土司的隶属关系各地并不一致。有些地区拉祜族农民只是贡纳制的隶属关系，而有些地区拉祜族农民则已被完全纳入傣族农奴制的编制之内。在前一种情况的地区，拉祜族社会内部的阶级分化往往不是很明显。

近代拉祜族地区的封建地主制

中华人民共和国成立前夕，拉祜族各分布地区的社会经济发展极不平衡。自 19 世纪 80 年代以来，大约占拉祜族总人口 1/2 强的地区经历了相当短暂的封建领主经济，随即过渡到封建地主经济。在农村中，封建地主经济业已占据统治地位，但还保存着若干封建领主经济残余。大约占拉祜族总人口 1/2 弱的地区由于在历史上与傣族土司形成封建隶属关系，因而带着相当浓重的原始经济关系残余被纳入傣族封建领主经济制度之中。此外，在金平县的山地森林里，还有 2000 多名与外界很少接触的拉祜族，他们是在民族大迁徙过程中来到这里的，生产技术和社会经济关系都相当原始。

澜沧县东北部、双江县、临翔区、景谷县、镇沅县、元江县、墨江县等地的拉祜族，自 19 世纪 80 年代至 20 世纪 20 年代期间，先后以不同的方式形成了封建地主经济。澜沧县东北部和双江县等拉祜族聚居区，曾经有过相当短暂的封建领主经济，其后，由于农民暴动的打击和汉族社会经济的强烈影响，迅速地过渡到封建地主经济。临翔区、景谷县、镇沅县等拉祜族散居区，是在 18 世纪 20 年代改土归流之后继傣族封建领主经济的解体而形成封建地主经济的。元江县、墨江县等拉祜族散居区，原是汉族、傣族、彝族的分布地区，拉祜族迁入之后接受了当地社会经济的影响而形成封建地主经济。本类地区都是以自然村为单位的多民族交错聚居区或杂居区。

本类地区的社会生产发展水平一般比较先进。农业生产所使用的各种工具与汉族和傣族大体一样，但生产技术还较落后，工序较简单。农作物有水稻、苞谷、旱稻、荞、小米、白薯和瓜豆等。耕地有水田和旱地。各地水田面积一般占现耕地总面积的40%，最高可达70%。刀耕火种的轮歇地占现耕旱地总面积的比例仍然很大，例如：澜沧县东河乡拉巴村旱地面积占现耕地总面积的30%，在旱地中轮歇地占99%，固耕地仅占1%。轮歇地已普遍采用轮种制，即第一年种荞，第二年种旱谷，第三年种苞谷，第四年休耕，第五年复种旱谷，由第六年起休耕十年。农作物单位面积产量都很低。水稻产量为籽种的25倍至40倍，旱稻产量为籽种的18倍至24倍，苞谷产量为籽种的10倍至60倍。各地区普遍不选种、不除虫、不施肥，没有水利防洪设施，生产限制特别多。

贫苦农民中的一个正常劳动力大概只能提供相当于本身消费的剩余产品。农村缺粮情况严重，有近70%的人口缺粮时间长达二至七个月。

自进入近代以来，有部分地方种植鸦片。除澜沧县、双江县、景谷县的个别自然村外，拉祜族很少种植茶叶和棉花。

手工业生产有打制铁农具、制造银器饰物、纺织和编织等。本民族铁匠没有脱离农业，手艺世代相传，只限于打制或修理小农具，并由顾客自备铁和炭，出一个人做帮手。打一件农具的报酬相当于一个农事短工工资，在一年之内可以免费修理。双江县拉祜族铁匠能生产犁头和铁锅，少数专业铁匠从事商品性生产。拉祜族银匠能打制手镯、耳环、项圈和银泡等饰物，但由于竞争不过傣族的银饰商品，因而银器手工业没有发展起来。妇女纺纱织布很普遍，用纺轮和纺纱车纺纱，少数地区还有从汉族传入的立式手摇织布机。编织工艺相当精巧。纺织和编织主要是自给性的，但制成品也会在初级市场上零星出售。

拉祜族到初级市场出售的物品，通常只是些园圃作物及蜂蜜、家畜、家禽、野百合粉、弩弓、芦笙和零星的纺织品及编织品等。除特殊商品鸦片外，拉祜族的商品生产是十分少的。汉族、彝族的商业资本和商业活动对拉祜族的社会经济曾发生过重大影响，澜沧江以东的马帮商人到澜沧、双江等地从事商业活动相当早，其后由于铅矿的发现和鸦片种植市场的扩大，商业逐渐地繁荣起来。出没于这些初级市场的贩运商人的经营额很大，以澜沧县为例，旺销年输出铅1200吨，鸦片640万两。本地商人的经营特点，是从景谷盐井买盐，运到缅甸换棉花，然后把棉花运回本地换鸦片，纯利润可高达400%。拉祜族种植鸦片主要是用来换取粮食、盐和支付捐税的货币。因此，在贩运商业兴起的同时，出现了粮食投机。秋收时，地主、商人以每亢（130斤）粮食1个半开银元的价格购入，到青黄不接时以每亢30个半开银元的价格卖出，牟取暴利。本地商业资本多转化为高利贷资本，然后有钱人集中兼并贫苦农民的土地。商业高利贷资本绝大部分集中在地主和高利贷商人手里。以澜沧县谦六乡蛮蚌村为例，占总人口6.67%的地主，共占有社会总资本30.33%；占总人口2.80%的高利贷商人，共占有社会总资本32.07%。上述阶级，其民族成分属拉祜族的共占有总资本4.60%。天主教堂、拉祜族的区长、乡长和前土司，也参与牟取暴利的商业和高利贷活动。澜沧县东河乡拉巴天主教堂，拥有20匹骡马，往返景谷、西盟、澜沧之间从事井盐、鸦片贩运商业。外地马帮商人常把农民最急需的盐和其他商品批售给拉祜族区长、乡长或前土司，他们借封建特权以高利率强迫摊贷给农民，并指定日后用鸦片偿还，转手之间赚取巨额利润和利息。商人高利贷资本的残酷剥削，最后导致农民的土地大量集中到少数剥削者手中。

拉祜族的土地主要集中在地主阶级手里，富农也拥有相当多的好田好地。拉祜族地区的地主经济的成长历史短促，双江县大约有60年，澜沧县大约只有30年。地主阶级形成一般有三条途径：

先从经商、放高利贷着手盘剥，然后掠夺土地，成为地主兼商人高利贷主；在领主经济下产生的旧式富农，以雇工为基础，结合放高利贷逐步成为半地主式的富农或地主。前土司和区长、乡长凭借政治特权，通过滥收杂税、强放高利贷、垄断商业、巧取豪夺乃至拦路抢劫等途径而成为大地主。

拉祜族地区的地主经济由于主要是在云南近代经济发展的推动下形成的，原来的生产基础薄弱，成长历史短促，因而在土地占有关系方面有些特点。第一，居民聚落分散，山地面积广阔。因此，地主、富农主要是集中水田和优质旱地，贫苦农民还不至于完全丧失土地。第二，各个居民聚落还保留着古旧的村社疆界，由于建寨历史、自然条件、人口密度和地理上偏远或靠近交通要道等因素，各聚落的土地集中程度并不相同。第三，地主的民族成分多是汉族和彝族，他们主要通过高利贷来夺取土地，因此土地占有十分零碎分散。正因为生产资料占有悬殊，广大贫苦农民被迫用自己创造出来的财富喂养地主、富农和高利贷者。

出租土地全部都是水田。地主阶级出租土地的数字各地很不平衡，例如：澜沧县富邦乡瓦底寨地主出租水田占本阶级占有水田总面积的96.2%，占社会出租水田面积的97.5%；南岭乡赛罕村地主出租水田占本阶级占有水田总面积的35.2%，占社会出租水田总面积的93.4%；双江县大文乡户那村地主出租水田占本阶级占有水田总面积的27.8%，占社会出租水田总面积的77.3%。上述三个调查点的统计数字，反映了各地区地主经济的成熟程度并不一致。各地普遍以实物支付地租，少数三七分租。地主阶级出租水田并不很多的双江县，多采用固定分租制。固定分租制是以出租地往年最高产量的50%或60%的租率规定好租额，出租后不管年成丰歉，佃户都得按议定租额提交地租。固定分租制是发达的地主经济的租制，它显然是由汉族地主带来的。山地水田需要沟洫系统灌溉，沟洫系统所有者用竹筒口径量水的办法收取水租。

雇佣关系相当普遍。雇工形式有日工、月工、年工和包工，其中，以雇日工为最多。贫苦农民出卖劳动力的原因，主要是土地不足，其次是缺乏生活资料。贫苦农民通常缺粮半年左右，因此，即使在农忙季节，也常常要离开自己的土地以帮工为生。日工工资是有季节性的，农忙期间每工一般4斤谷子，供饭一顿或两顿；农闲期间每工一般2斤谷子，供饭一顿。地富往往放秋工，即在青黄不接的时候贷出5斤谷子，到收割期间由农民帮2个工偿还。有的地主借雇佣关系随时叫佃户帮工，而且多不给工钱，只供一顿午饭。月工多发生在双江、镇沅、元江、墨江一带。劳动力强的每月工资为6个至7个半开银元。澜沧县谦六乡小田坝村共3349人，出卖年工者多达171人，其中，拉祜族年工91人。该村拉祜族地主雇年工数字远远少于汉族和彝族地主，但给予工资却少2/3。这种年工雇佣关系实质上是债务奴隶制，即用一定年限的人身隶属关系来偿还债务。各地都有包工,如用1斤盐或1斤猪肉包纺1斤棉花,用2石谷子(400斤)包开1石籽种的水田,等等。雇工,是地主、富农对贫苦农民进行土地剥削的最普遍的方式。拉祜族地区的雇佣关系的数量之所以远远超过租佃关系,主要是由于还没有出现高度的土地集中,出卖劳动力遂成为贫苦农民最通常的副业形式。

高利贷也是随着汉族地主的脚步闯入拉祜族社会的。高利贷形式多种多样。谷物借贷最普遍,特点是次数多而数量少。谷物借贷年利率一般是50%,有的高达500%。货币借贷年利率一般是100%,有的高达800%。由于谷物有季节差价,而货币借贷利率又高,因此高利贷者往往在贷出谷物时折算成钱,收债时又把钱折成谷物,从中增值本息。高利贷剥削范围广泛,无孔不入,广大贫苦农民几乎百分之百都欠债,中农阶层也不能幸免。

压在拉祜族人身上的还有前土司和区长、乡长随意征派的苛捐杂税。

澜沧县、镇沅县和景谷县拉祜族前土司、前伙头，还或多或少地保留有若干剥削特权，其中以澜沧县拉祜族前土司征收旧课税的特权尤为突出。这些旧课税有从清朝遗留下来的粮银和门户钱。自进入民国以来，这些旧课税有增无减。

沉重的剥削，残酷的压榨，使广大拉祜族人民生活在水深火热之中。拉祜族民谣说："谷子黄，拉祜狂。谷子熟，拉祜哭。"

近代拉祜族"卡些"制度

拉祜族的"卡"（村寨）是拉祜族社会组织单位，也是军事组织单位，特别是在中华人民共和国成立前长期存在。"卡些卡列"（寨子头人的统称）是这种组织的负责人。"卡些卡列"包含主从关系。"卡些"为主，"卡列"副之。"卡"之上的政治组织是"长爷"，最上层为"珠摩"（又称"苴摩"）是拉祜族的最高统治者。

"珠摩"，拉祜语意为最大的官，是拉祜族最高统治者，最大的土地所有者。据史书考证，

"珠摩"可能是"南诏"爨氏政权所任命。"珠摩"世袭，父死子承，如长子不能担此重任则由次子继承。历史上拉祜族最大的头人李文明（清嘉庆年间拉祜族起义的领袖）是否是"珠摩"，无确切材料证实。拉祜族第二次起义的首领张登发之父扎鸠原是"卡些"，后被封为"珠摩"。扎鸠死，由次子扎乌（即张登发）继任"珠摩"。

"珠摩"也是最大的军事首领，他可以直接任命各"卡"的军事官"玛拨路"，也可以随时命令各寨百姓作战，一切战利品归"珠摩"所有。

"珠摩"同时也是法律的主宰者。相传"珠摩"扎鸠是一个很凶残的人，对违反"珠摩"法律的百姓多处以死刑。其刑具有木枷、木脚、囚笼等。扎鸠制定的法律如下：杀人偿命；私通有夫之妇者罚款、罚牛供众人杀吃；盗窃罚双倍；伤人身体者罚款为伤者治伤，如伤致残则养活终身；有意放火嫁祸他人者投入火中，无意失火者赔偿损失；泄露军机者杀；和尚与妇女私通者杀；不服从"珠摩"者罚。

清光绪年间，云贵总督书麟镇压拉祜族起义后，起义首领"珠摩"张登发被杀害。清政府为加强对拉祜族的统治，设置镇边厅，废除了拉祜族"珠摩""长爷"的领主制，将其分属于孟连宣抚司、勐勐土司、耿马土司而治之。此后，拉祜族就无"珠摩""长爷"了。与拉祜族民间传说的因为战事，他们的"珠摩"在战争中失去后，就再也没有找到的传说是吻合的。"掌爷"是"珠摩"之下的地区性的政治组织。据《清实录》载，嘉庆十八年（1813年），黄草岭等五十寨报缅宁府、顺宁府立案："掌爷"催收钱粮，管理辖区内的民政庶务。"掌爷"为"珠摩"任命，清军镇压拉祜族起义后被废除。

拉祜族"卡些卡列"包含主从两个含义。"卡些"为主，"卡列"副之。"卡些"对内对外都代表本寨决定重大问题，调解寨内纠纷，召集会议。"卡列"是"卡些"的助手，主管寨内庶务，催收粮款，管理公益事宜，通知联络等。"卡些卡列"由村寨成员公举产生，候选的人必须是办事公平又有能力的人，同时考虑祖辈曾否任过专职，有专职者可优先入选。如果"卡些卡列"不负责任，办事不公，私吞公款，败坏寨风，失去群众信任，按原始民主习俗罢免。"卡些卡列"的任免，一般在拉祜年时进行。

清初，汉传佛教传入拉祜族地区后，出现了"五佛"之地的"政教合一"的局面，佛祖（佛寺主持）是佛教和政权的主持者和当权者。拉祜族由于不满统治阶级的压迫，在首领李文明、李小老、张登发、杨三铜巾和尚的领导下，发动大规模起义，遭清政府的残酷镇压之后，清政府废除拉祜族领主制，采取"羁縻"政策分而治之，将拉祜族分别隶属于傣族土司、宣抚司治之。由傣族土司、宣抚司加为拉祜族村寨头人。改"卡些"为"卡鲜"，数寨设一大"卡鲜"。村寨的小"卡鲜"，由拉祜族选本族人，再由宣抚司、土司加委。双江、沧源、耿马的拉祜族村寨头人，由土司直接委以伙头。

被压迫拉祜族人的觉醒

拉祜族人反封建反民族压迫的斗争由来已久。清雍正统治时期，如果说还只是在澜沧江以东的镇沅、威远、普洱、思茅以及元江一带还不是拉祜族的主要聚居地区进行反封建反民族压迫斗争，那么，到了嘉庆统治初期，澜沧江以西的临沧、双江、澜沧一带拉祜族主要聚居地区的拉祜族以及各族人民反封建的斗争浪潮就更为高涨了。

澜沧江以西的双江、澜沧等地拉祜纳支系，经过明清两代的发展，社会经济有了长足的进步。这里的拉祜纳支系主要来自临沧，但各部落曾分别辗转各地，最后又相继聚居在一起。拉祜纳支系各部落迁入本地区前后，大家庭公社即已解体，因而私有制经济日趋巩固。到了18世纪，这里的拉祜族社会经济出现了更显著的发展。

18世纪的拉祜族聚居区，其中特别是双江、澜沧两地，曾迁入大批汉族矿工、农民、手工业者和小商贩。这些因开矿或逃荒迁来的汉族劳动人民，带来了比较进步的水稻耕作、打铁、纺织和副食品加工等技术，促使拉祜族社会面貌有了很大的改观。拉祜族人和汉族人一起，开始改良水稻耕作技术，广开梯田，铸造大型农具，使用立式织布机，酿酒，制作豆腐、豆豉、腌菜等副食品。同时，各地区之间的商业活动也日趋活跃。在经济文化交往的过程中，拉祜族亲属称谓借用了汉语和汉姓，排除了三代和五代的内婚制。父系家族意识的加强，大大推进了拉祜族社会的私有制经济的发展。

随着私有制经济的发展，部落首领的权力也越来越集中，首领职位的世袭制出现了。18世纪初，大理僧侣杨德渊到双江、澜沧传播汉传佛教。拉祜族原有的"鬼主"制度于是同汉传佛教结合起来，双江县的坝卡及澜沧县的南栅、东郎、东主、邦崴等5个地方，形成了政教合一的政治宗教中心。这5个政治宗教中心，实际上是经过战争兼并形成的5个强大部落。据传说，作为政治宗教领袖的部落首领，以神秘的极权者面貌出现，他平日深居简出，每年只在正月初一、四月十五、八月十五的前一天，由各村社头人"卡些"向他禀告情况并接受他的指示，翌日，部落成员只要走得动的，都要穿上盛装向他朝拜，听他训话，之后则接着举行盛大的歌舞活动。拉祜族称这种朝拜为"哈莱微欧尼"，意思是欢乐的日子。这些情况，激起了拉祜族人的不满，为拉祜族人用武力争取权利埋下了伏笔。

部落首领有权无偿征调劳役，每年每户必须出一名劳动力为其开田、犁田、插秧、中耕、收割。服役期间口粮自备，服役有困难的出代役税三钱银子。在部落首领之下，各村社设正副头人"卡些""卡列"各一人。村社头人由村社成员公选。每个村社成员都是战士，发生战争时，每人准备100支箭听候调遣。各个村社由部落首领指定一名英勇善战的成员任军事指挥，拉祜语叫"玛拔路"。打了胜仗，一切战利品归部落首领所有，普通战士平均分得一些赏银。在部落之间，经常发生以掠夺土地和人口为目的的兼并战争。战争给拉祜族人带来更加沉重的赋税，拉祜族人向往和平安宁的生活。

　　清政府的堵、剿计划都无法把拉祜族人的多次起义斗争镇压下去，这说明拉祜族人的军事力量是颇为雄厚的，他们的反抗斗争也是英勇顽强的。而这时澜沧江上游怒江地区的傈僳族、怒族、独龙族等族人民的起义烽火也正在遍地燃烧，于是清政府对拉祜族人的起义斗争不得不转而着重采取堵、剿、抚计划中的安抚策略。嘉庆八年（1803年），清王朝原已分别任命了部分拉祜族部落首领为土目、伙头，嘉庆十八年（1813年），又任命了一批催收钱粮的掌寨。经过对拉祜族部落头人的任命，把部落组织纳入清朝封建统治机构的地方行政系统，拉祜族原有的政教合一组织因而随之解体，但是拉祜族部落之间的武装兼并活动仍不断进行。19 世纪 70 年代，双江、澜沧地区形成了几个雄踞一方的割据势力，如张氏割据上改心，石氏割据芒海、大山，李氏割据蛮蚌、圈糯等。光绪十二年（1886 年），清王朝在原孟连宣抚司所辖地区设置了土守备、土都司、土千总、土把总等武职世袭土司 16 人，其中，大山、芒海

2个土守备为拉祜族石姓担任，雅口、蛮蚌2个土都司为拉祜族李姓担任，圈糯土千总为拉祜族李姓担任，贤官土把总为拉祜族石姓担任，拉巴、新营盘、黄草岭3个土把总为拉祜族李姓担任。16个武职土司中拉祜族头人担任了9个，另傣族头人担任了3个，汉族头人担任了4个。拉祜族武职土司比重之大，说明拉祜族部落头人势力这时已日益发展，出现了封建割据的趋势。同时，在原孟连宣抚司辖区里所设置的24个里目、粮目，计由汉族担任的有12个，由拉祜族担任的有6个，由佤族担任的有4个，由傣族担任的有2个，说明在基层组织中拉祜族头人也有一定的势力。

基于上述情况，光绪十三年（1887年），双江、澜沧拉祜族地区又爆发了一次大暴动。这次暴动是在邻近地区社会矛盾激化的影响下发生的。光绪十八年（1892年），清王朝鉴于地处边疆的拉祜族地区的政治、经济地位日益重要，为了进一步直接统治拉祜族地区，于是在双江、澜沧、孟连实施改土归流。

拉祜族的武职土司名号在改土归流中虽被废除，新委任的地方基层官吏和在行政划分上实际上仍以旧土司及其管辖地区为基础。因此，官号名称虽然改变，土司的领主经济却基本上被保存下来。通过改土归流，交通闭塞的状况被打破，拉祜族地区的丰富资源吸引了大批马帮商人、鸦片贩子、开矿官绅、贪官污吏、土匪恶霸，等等。拉祜族的旧土司利用新旧职权，同这些人朋比为奸，大肆吮吸拉祜族人民的膏血，大做贩运鸦片生意，垄断食盐买卖，借摊派苛捐杂税从中渔利，其中尤以强制性的高利贷剥削为甚。

沉重的剥削压迫，终于逼使拉祜族人民走上了武装反抗的道路。经过拉祜族人民起义，旧土司的领主经济遭到沉重打击，一切农业的奴役性的劳动在大部分地区中被无形废除了，旧土司的私庄逐步出租，土地开始买卖。这样就促使了拉祜族的社会经济由没有充分发展起来的领主经济迅速向地主经济过渡。

历史发展的新纪元——拉祜族地区的解放

中华人民共和国成立前,各地拉祜族的社会发展极不平衡,总体看来,可分为两类地区。云南澜沧县东北部、临翔区、双江县、景谷县、镇沅县、元江县、墨江县等地的拉祜族,已处于封建地主经济阶段,生产水平与当地汉族、傣族大体相当,但生产技术落后。云南澜沧县西南部、孟连县、西盟县、耿马县、沧源县及西双版纳等地的拉祜族,由于历史原因被纳入傣族封建领主经济体制下,生产力水平低下,带有浓厚的原始经济残余。这类地区的拉祜族主要从事山地农业,兼营狩猎、采集和养蜂。另外,在云南金平县长约300公里、宽约30公里的森林中,还活动着拉祜族的分支"苦聪人",其社会性质尚处于原始社会阶段。

中华人民共和国成立后,在中国共产党的关怀下,1953年,中央访问团受党中央的重托,不远万里来到澜沧,召开了各族各界代表会议,散居在双江、沧源、耿马、西盟、临沧、景谷、思茅、江城、勐海等地的拉祜族，也有自己民族的代表参加管理国家大事，有了当家作主的权利。1953年4月7日澜沧拉祜族自治县成立，1954年6月16日，孟连傣族拉祜族佤族自治县成立，1985年6月11日，双江拉祜族佤族布朗族傣族自治县成立，1990年2月3日，镇沅彝族哈尼族拉祜族自治县成立。在拉祜族聚集的乡镇设立民族乡。按不同地区社会发展的情况，1954—1956年，澜沧、双江、沧源、孟连、西盟、勐海等地的拉祜族聚居区进行了和平协商土改，边缘地区直接过渡，完成了民主改革的历史任务。1984年5月，《中华人民共和国民族区域自治法》颁布，拉祜族各自治区域从实际出发，制定反映拉祜族人愿望和要求的自治条例，对自治区域自治权的行使作了详尽的说明，充分行使宪法和民族区域自治法赋予的自治权，实现当家作主。中国共产党领导拉祜族人民走上社会主义康庄大道，开展了大规模的经济建设和文化建设，生产得到很大发展，人民生活日益改善，昔日"瘴病"之区，旧貌换新颜。中华人民共和国成立半个多世纪以来，在党和政府的大力支持下，经拉祜族人的艰苦奋斗，拉祜族农村、城镇的社会经济和文化迅速发展，拉祜族的社会历史进入社会主义初级阶段。

全国唯一的拉祜族自治县诞生

1949 年 2 月，中国共产党迤南边区人民自卫军第一支队占领澜沧县，成立澜沧专员公署，下设澜沧县、上允县、东朗县、孟连县、溯涛（宁江）县等临时人民政府；1949 年 12 月，澜沧专员公署撤销，澜沧县、上允县、东朗县、孟连县合并为澜沧县，成立人民政府。1953 年 4 月，澜沧县分设准县级澜沧拉祜族自治区；1953 年 7 月，原宁江县所辖新营盘区、雅口区划入澜沧拉祜族自治区；1954 年 5 月，澜沧县所辖孟连区、南卡区合设准县级孟连傣族拉祜族卡佤族自治区；1955 年 1 月，澜沧县撤销，所辖西盟山区并入准县级澜沧拉祜族自治区；1956 年 10 月，澜沧拉祜族自治区所辖西盟山区划出，设立西盟县。1959年12月，准县级澜沧拉祜族自治区改为澜沧拉祜族自治县。《云南省澜沧拉祜族自治县自治条例（草案）》出台后，于1988年3月21日在澜沧拉祜族自治县第八届人民代表大会第二次会议上通过，于7月15日在云南省第七届人民代表大会常务委员会第一次会议上批准，自1988年10月1日起实施。

澜沧拉祜族自治县，位于云南省西南部，澜沧江以西，毗邻缅甸。2016年末，全县人口48.6

澜沧拉祜族自治区人民政府的成立（杨树柏　摄）

万人，其中拉祜族人口21万人。澜沧拉祜族自治县是中国唯一的一个拉祜族自治县。拉祜族把葫芦作为标志，象征拉祜族从葫芦中走出，向太阳奔去的精神追求和吉祥幸福的美好心愿。全县各族人民在党的民族政策指引下，自力更生、艰苦奋斗、团结拼搏，昔日贫穷落后的拉祜山乡发生了翻天覆地的变化，谱写了澜沧民族文化、经济、社会发展的新篇章。

拉祜族代表在民族团结誓词碑上签字

1951年，普洱专区第一届兄弟民族代表会议参与人剽牛喝咒水，宣读团结一心跟着共产党走的誓词，誓词碑有26个民族的部分头人代表及党政军代表48个人签字，用傣文、拉祜文、汉文书写签名。

中华人民共和国成立初期，普洱地区是多民族聚居的地区，各民族社会形态差异极大，发展不平衡，民族关系十分复杂和特殊。1950年，当地34名民族头人及其代表到北京参加了国庆周年观礼，受到了毛泽东等党和国家领导人的亲切接见。国庆观礼活动激发了各族代表爱国、爱党的热忱，他们按照毛主席和邓小平同志的指示精神，以"会盟立誓，刻石铭碑"的形式来表达各族人

民族团结誓词碑

民团结到底的决心。1950 年 12 月 27 日—1951 年
元旦，中共宁洱地委召开"普洱专区第一届兄弟
民族代表会议"。全区 26 个民族的代表与地方党
政军领导人剽牛喝咒水后宣誓立碑。2006 年 5 月，
民族团结誓词碑列入第六批全国重点文物保护单
位。誓词碑被誉为"新中国民族团结第一碑"。

老缅人的族属回归

　　1989 年 6 月，原思茅区民族事务委员会派出
调查组，与澜沧拉祜族自治县民委和老缅人代表
一起，对居住在澜沧县境内的老缅人族属问题进
行深入的社会调查。据 1990 年第四次全国人口普
查统计，思茅地区的老缅人口有 8470 人，其中，
聚居澜沧拉祜族自治县的有 6860 人（分布在东朗
乡 3170 人、东回乡 520 人、拉巴乡 1917 人、竹
塘乡 1031 人、富邦乡 222 人），分布在西盟佤族
自治县的有 380 人，分布在孟连傣族拉祜族佤族
自治县的有 1230 人。被调查的老缅人自称"乌参"。
"乌参"部落群曾经历了漫长的迁徙变迁，远

古时期，他们的先民和我国西北的氐羌族群有密切的亲缘关系，可能是唐代东爨乌蛮中的一支，统称为"乌爨"。因生活地域的不断变迁，语言的发展变化，"乌爨"演变为"乌参"了。大约到了宋末元初，这部分自称"乌参"的老缅人南迁到临沧、普洱等地。那时，老缅先民就已经同拉祜族先民在临沧、双江、耿马一带共同生活交往，彼此有着密切的关系。自嘉庆元年（1796年）到光绪二十九年（1903年）间，"牡缅密缅"的拉祜族先民先后发动了多次大规模的反对土司、官府统治和民族压迫的起义斗争，老缅人积极参加了拉祜族人的起义，共同打击清军。起义失败后，又共同遭受清军的残酷镇压。家园被毁，老缅人和拉祜族一起逃生，进入今澜沧、孟连、勐海等地区，仍共同生活在一起。通过对老缅人的社会历史调查证明，老缅人与拉祜族历史上同属氐羌系统，共同在一个地域内生活有近千年的历史，关于人类起源传说、姓氏称谓、婚姻习俗、宗教信仰、生产生活及其他风俗习惯也与拉祜族相同或相近，都会说拉祜语，文化艺术也很相近。老缅人的族属问题，在经过深入的社会历史调查后，澜沧拉祜族自治县民委召集了老缅人干部群众代表座谈，反复讨论，取得共识后，又返回各地老缅人群众中，充分征求意见，最后取得了一致意见：同意确定老缅人族属为拉祜族。澜沧拉祜族自治县人民政府以文件批转县民委《关于确定老缅人族属为拉祜族的请示》的通知中说："经县人民政府 1990 年 1 月 1 日常务会议研究，同意确定老缅人族属为拉祜族，并以法定形式固定下来。"6 月 11 日，澜沧县人民政府本着尊重老缅人的精神，决定将县境内 3000 多名老缅人划归拉祜族。8 月 10 日，孟连县人民政府决定，将县境内 1334 名老缅人归为拉祜族。

苦聪人的族称

1987 年 8 月 7 日，省政府批复省民族事务委员会：根据云南省苦聪人的历史的现实的实际情况，依据国家民委文件有关精神，同意将云南省苦聪人的族称恢复为拉祜族称谓。

第二章　灿烂文化

拉祜族的自然信仰

　　拉祜族的宗教信仰主要表现为原始的自然崇拜和祖先崇拜。拉祜族认为，自然界中的日月星辰、风雨雷电等现象均由神灵主宰。因而，他们对这些自然现象和自然力表示崇拜。此外，拉祜族还信仰佛教，近年来又有基督教、天主教传入拉祜族地区，但信奉的人不多。"厄莎"是拉祜族人的创世天神。传说，他创天造地，繁衍了人类，给拉祜族人带来了火种，使拉祜族人安居乐业，是一个主宰吉凶祸福的至高神灵。拉祜族人百般信奉"厄莎"，后成为拉祜族人的始祖。人们将"厄莎"神供奉在森林的芭蕉丛中，并视该地为禁区。

"厄莎巴"是拉祜族人崇拜的天神，也是村寨的守护神。每个村寨上方都建有寺庙供奉，平时每户每天献饭两次，滴水祝福两次，逢年过节及操办大事都须祭之。"厥巴厥马都"是拉祜族人自然崇拜的神林。每个村寨附近都有一片树林，人们将一棵最大的古树视为神树，为本村寨神林的象征。逢年过节时，各家各户都须为神林点上蜡烛，以肉、饭、水献祭，以求人畜平安。

拉祜族的《牡帕密帕》

拉祜族原来没有文字，口头传唱是他们传承民族文化的途径。《牡帕密帕》就是以口头传唱的形式代代相传的。《牡帕密帕》的内容涵盖了民俗、饮食、服饰、婚俗、节庆、丧葬、信仰、祭祀等。如此繁杂的内容，音乐结构必须简单，才能世代传唱，所以其旋律大多为简单的重复，几代人哼唱着同样的旋律，将拉祜族的历史以歌唱的方式口口相传，代代生命在歌声的召唤中得以延续。

现版《牡帕密帕》分十个部分，以拉祜文、国际音标、汉语直译、汉语意译四排并列的体例编排，尽管各地流传的篇目名称不尽相同，但其丰富的内容都包括了反映拉祜族远古时期的社会生活、生产风貌以及拉祜族先民对宇宙起源和人类起源的朴素认识的篇章：远古时，宇宙一片混沌，天地未分，"厄莎"先后创造了天地万物和扎迪、娜迪。兄妹二人在荒凉的大地上过着采集、狩猎生活，后来结为夫妇，其子女遂分别繁衍为拉祜族、佤族、哈尼族、傣族、布朗族、彝族、汉族等族。拉祜族从狩猎采集生活逐步发展到农耕生活。

史诗不仅反映了拉祜族远古时期的社会生活、生产风貌，也包含了拉祜族先民对宇宙起源和人类起源的朴素认识。第一，在人类产生以前，宇宙就已存在，即宇宙（天地）的起源先于人类起源；第二，宇宙的起源与形成是渐进的，从当初的"混沌"发展到天地分开，进而有日月星辰、山川河流等万物；第三，人类虽是由"厄莎"创造的，但具体来讲，却是由葫芦里的种子孕育而成的，最后走出葫芦，成为真正的人。因而人类的起源也是渐进的；第四，兄妹通婚，表明历史上拉祜族曾有过血缘婚的阶段，而几个民族都由这对兄妹所生的传说一方面反映了一种古老的民族同源观念，另一方面也反映出拉祜族历史上与这些民族交往密切。

千百年来，《牡帕密帕》犹如一首流淌在拉祜族人心中的歌，它通过民间演唱的方式流传下来，完整地保留了拉祜民族文化的内涵和悠久灿烂的拉祜文明，深刻影响着拉祜族生产生活的方方面面，成为拉祜族世代相传的宝贵传承资料。

国家级非物质文化保护项目
——拉祜族的迁徙史诗《根古》

拉祜族史诗《根古》主要流传于普洱市澜沧拉祜族自治县和其他拉祜族聚居地区，是一部描述拉祜族先民繁衍迁徙的叙事性史诗。

迁徙是拉祜族社会发展中一段重要而又漫长的历史，在拉祜族心目中就是祖先和历史的象征。

这部迁徙史诗主要叙述从秦汉时期开始，拉祜族先民告别了他们繁衍生息的青藏高原，从传说中遥远的北方密尼都库、诸海厄波等地起步，历经千辛万苦，跨越几个世纪，跋涉数万里，一直迁徙到"勐缅密缅"，最后大量移居到今天的澜沧地区定居生活下来的历史。同时，这部迁徙史诗也记载了拉祜族迁徙到每个地方的原因，迁徙的地名、环境、地形、地貌和居住情况。史诗除迁徙章节外，还存留着许多记叙拉祜族历史中的重大事件、重要历史人物等的完整章节。经历代拉祜族老人的传唱，已成为一部无文字的拉祜族史。

这部迁徙史诗流传在云南省澜沧县的拉祜族民间。竹子一节一节长，古根一段一段唱，歌者以白头老人的身份向人们传唱本民族的古根，旨在让后人铭记民族的历史。全诗长 800 余行，除歌头外，由 7 章组成，每章的章题均为拉祜族迁徙史上的重要地名。

史诗以深沉的情感唱述了拉祜族先民由北向南迁徙的民族史路，揭示出拉祜族先民频繁迁徙的历史原因多为民族压迫和争夺土地、财富及反抗赋税等引起的战争，同时生动地再现了拉祜族先民的生产方式由穴居、狩猎向火耕农作的变迁及相关风俗的由来，塑造了一代代拉祜族先祖顽强不息、英勇斗争的英雄形象。史诗以高度概括的笔触、简练朴实的语言和精当的篇幅，再现了拉祜族祖先漫长而曲折的迁徙史，表现出拉祜族迁徙史诗独具的民族特色。

拉祜族文字

拉祜族有自己的语言，属于汉藏语系藏缅语族彝语支，由于分支迁徙的年代久远，澜沧江以东地区和澜沧江以西地区的拉祜族语言略有差异，但是拉祜西支系、拉祜纳支系和苦聪人相互间基本能通过语言进行交流。

唐朝时期，拉祜族先民"锅锉蛮"是南诏主体民族"乌蛮"中的一支，受南诏文化的影响，有一部分人信奉佛教，并学会了使用南诏境内流行的文字来传播佛教。宋代以后，拉祜族先民离

开洱海流域向南迁徙，现今这种文字已经在本民族中失传了。

20世纪初期，帝国主义的文化渗透到拉祜族聚居的澜沧地区，美籍牧师永伟里以传播基督教教义为借口，推行殖民主义文化，在澜沧县的糯福设立了基督教堂，用拉丁字母创造了拉祜文，并在拉祜族信仰基督教的群众中推广，以此作为开展传教活动的工具，并用拉祜文培训了一批传教人员。中华人民共和国成立后，党和人民政府积极发展少数民族语言文字，1957年拟定了一套拉祜文改造方案，并在拉祜族聚居地区推广使用。

写拉祜文（李晓维 摄）

这套规范过的拉祜族文字已经在澜沧拉祜族自治县的竹塘、木戛、富帮、东回、拉巴、东朗、勐朗、糯福等乡进行推广使用，受到广大拉祜族群众的欢迎。经过实践证明，在成年人中用拉祜文教学只需一年左右的时间就可扫除文盲，社会和经济效益比较显著，只要是脱了盲的拉祜族群众就能使用拉祜文开展简易的文体宣传活动和科普活动。

拉祜族民间歌舞

拉祜族的音乐舞蹈源远流长。《新唐书·南蛮下》中记述："'锅锉蛮'的音乐舞蹈是'一人吹芦笙为引首，男女牵手，周旋跳舞。'"《云南通志》记载："倮黑聚时，亲戚会饮，吹笙为乐。"这些史料说明，拉祜族吹笙舞蹈的文化生活已经传承了千百年。

拉祜族舞蹈内容很多，有广泛的群众基础。其中，有代表性的是"芦笙舞""摆舞""桶鼓舞""祭祀舞""招魂舞""狩猎舞""四季生产舞""欢庆舞"等。这些舞蹈生动活泼，表达生活情趣，表现各种劳动生产场面，模拟各类动物的动作等，富有强烈的艺术感染力。正因如此，节日喜庆、婚姻嫁娶、迎送嘉宾都要踏步起舞，以求一乐。

拉祜族的音乐和舞蹈是紧密相连的，千百年来一直是人们精神生活、文化生活的支柱。它起着振奋精神、鼓舞生存勇气和维系族人的作用。

拉祜族音乐可分为声乐和器乐两种，其中，声乐又可分为叙事歌、山歌、情歌、摇儿歌、娃娃歌和习俗歌等若干种曲调，每种曲调都有独特的演唱方法和演唱场合；器乐可分为吹奏、弹拨、打击三种，其中，吹奏乐器有葫芦笙、四眼笛、稻秆笛、直箫、吹树叶等，弹拨乐器有响篾、三弦等，打击乐器有长鼓、铓、镲等。

随着各民族之间文化上的互相渗透，傣族、佤族、汉族和哈尼族的声乐和器乐也在拉祜族地区传播，促进了拉祜族音乐舞蹈向多元化方面发展。

拉祜族工艺美术

拉祜族的工艺美术基本上跟拉祜族的社会经

济同步发展，它是依附在生产生活用品上的，譬如生活用的织锦、衣服上的绣花镶边、头巾上的针挑提花、长刀壳上拴的手织多色彩带等。其图案有花卉、日、月、星辰、禽兽、昆虫和象征吉祥的树叶，图案颜色对比强烈。此外，猎具、渔具、酒具等生活器皿上也饰有美观的不规则图案。从本质上说，拉祜族的工艺美术也带有浓烈的神秘色彩，每个图案都被赋予某种祈愿。

拉祜族打歌

拉祜族打歌是与芦笙舞联系密切而又自成体系的古老舞种，舞者在场院或平地上围成一圈，和着乐器的节奏踏地跺脚，翩翩起舞，边舞边唱。唱词异常丰富，有即兴即景而唱的，有调情逗趣的，有表现生产生活的、也有神话传说和传统故事。1986年，美国国际民间艺术组织曾把这种民间自娱性的歌舞列为最受欢迎的"全球十大民间舞蹈"之一。

拉祜族人喜欢打歌，把打歌看作是和天地神

灵的对话。现在，拉祜族还流传着和打歌有关的传说——盘古开天辟地之后，天地间有了各个民族，大家就到天神那里去接受建设天地的任务。拉祜族的祖先做好了苦荞粑粑带着去，一来可以用作记录任务的纸，又可以用来遮风挡雨，肚子饿了，还可以充饥。在天神那里领到了建设天地的任务之后，拉祜族的祖先在回来的路上遇到了老虎、马鹿和麂子，拉祜族本来就是喜欢狩猎的民族，看到了猎物马上就去追，他打死了老虎，把马鹿和麂子也活捉了。因为去追猎物，拉祜族的祖先肚子饿了，就把苦荞粑粑吃了。回到家之后，因为记录任务的苦荞粑粑被吃了，拉祜族的祖先就一边回忆天神的话，一边用手和脚比画，就这样，拉祜族原始的打歌就形成了。

拉祜族所有的打歌套路都由老人口传身授。在拉祜族的传统节日上或是红白事、粮食丰收、起房建屋的时候，寨子里的男女老少都会聚集在场院里，通宵达旦地打歌。这个时候，寨子里最年长、最会打歌的老人就会把拉祜族打歌套路教给年轻人。中华人民共和国成立后，拉祜族的生活得到改善，从深山逐渐迁移到了坝区，而在和其他民族交往的过程中，拉祜族打歌也得到了传承。

拉祜族小三弦

拉祜族小三弦是拉祜族、佤族和哈尼族僾尼人的弹拨弦鸣乐器，因拉祜族人最为喜爱而得名。流行于云南省澜沧拉祜族自治县和临沧市沧源佤族自治县等地。小三弦多使用一整块梨木、果木或其他硬杂木斫制而成，当地的拉祜族则用糯梨木或茶木制作，而以茶木制作的音质最佳，也可琴箱单独制作，然后装入琴头、琴杆。它由共鸣箱、琴头、琴杆、弦轴、琴马和琴弦等部分组成，规格大小不一，全长40—60厘米。共鸣箱（琴鼓）呈扁圆形，琴框上、下开有装入琴杆的方孔，正面以蛤蚧皮、羊皮、蛇皮或蟒皮蒙面，并用竹钉固定，后面设有木制并镂各种民族图案的音窗。琴箱直径8—12厘米、厚4—8厘米，较一般三弦为小，故可使发音坚实、脆亮。

琴头为扁铲形，上部较宽，顶端朝后呈弧形弯曲，下部中间设有弦槽或弦库，明开的弦槽中间通透，暗开的弦库则由背面开槽、正面雕以图案花纹为饰，琴弦由下方的弦孔中穿出。琴头两侧设有三个短而粗的硬木制弦轴，置轴为左二右一，这与其他三弦的左一右二也明显不同。琴杆短而宽，呈半圆柱状体，上方设有金属山口或在山口处嵌以金属薄片，正面平坦为按弦指板，其上不设品位。琴箱皮面中央置有一截铁棍为琴马，下面垫以一枚旧时的铜币、银元或一块薄铁片。张以三条钢丝弦，弦径一致。拉祜族小三弦制作精细，一般多在琴头、弦库和音窗上雕刻出花纹图案。小三弦采用金属山口、琴马和同样粗细的钢丝弦，使其具有独特的音色。

国家级非物质文化保护项目——拉祜族的摆舞

摆舞是拉祜族历史悠久的代表性民间舞种之一，舞蹈主要表现了拉祜族原始宗教礼仪、生产、生活和欢乐情绪等方面的内容。民间流传的摆舞组合套路有 100 余套，目前已收集规范了 96 套，主要套路有礼仪类、生产劳动类、生活类、模拟动物类、情绪舞类等，这些套路因地域不同而各有所异。

拉祜族摆舞具有广泛的民族性和群众性，不受时间、地点和舞者人数的限制，只要高兴，便聚而舞之，在节日等欢庆活动中尤为盛行。一般由熟悉摆舞套路的长者敲打象脚鼓、铓、镲，边敲打边领舞，其余参加者依鼓声节奏和领舞者的动作翩翩起舞，其表演形式大体有两种：一种为"步伐型"，即一字队形做前后左右摆动，以踮、踩、摆、划、小跳等丰富的步伐为主，表现风格上有明显的芦笙舞痕迹，即以脚上动作为主，双手动作变化不大。另一种为"摆手型"，舞蹈时围成圆圈，向逆时针方向进行或两个圆圈相穿花，以手臂和肩的上下摆动为主，风格轻快、舒展。舞时手上动作丰富，模拟性强，看起来轻柔、舒展、优美潇洒，脚上的动作统一在一个基本步伐上，舞者自己持打击乐，边奏边跳。队形变化丰富，舞蹈以舞者（一般是持象脚鼓者）的动作变化来

变换动作，表现风格因柔软、轻盈、优美、抒情
而别具一格。

舞蹈从头到尾都在象脚鼓、铓、镲的敲击节
奏里进行，有快有慢，有张有弛，节奏鲜明。舞
蹈由敲着象脚鼓、铓、镲的人为领舞者，妇女们
身背民族包为道具，依鼓声节奏和领舞者的动作
起舞，人数可多可少，也可围成一圈或几圈跳。
形式灵活多样，内容大多是表现生产生活的动作
和模拟一些简单的动物动作。舞蹈以集体性自娱
自乐为主，并无特定的传承人传授和编创，取自

澜沧拉祜族糯福拉祜西摆舞（杨丽仙　摄）

于该民族的社会生活、文化传统与风俗习惯之中，形成本民族的艺术风格和美学特征，成为拉祜族人社会生活中的重要组成部分。舞蹈的动律以跳、扭、绕带动全身，摆、转、横移为特点。摆舞中尤为精彩的是多达上千人敲击乐器，依着鼓声围成数圈，非常默契地统一变换着步伐，向同一个方向进退。舞姿舒展而优美，手部和脚部动作并用，节奏轻快，给人以美的享受，深受当地各民族喜爱。舞蹈韵律古朴生动，非常适宜广场表演和大规模的自娱自乐，又适宜舞台演出。曲调、音乐、律动等和谐统一，较好地反映出拉祜族特点，同时具有较强的艺术感染力和观赏性。

拉祜族芦笙舞

芦笙舞是拉祜族具有代表性的民间舞蹈，在节日聚会或一部分祭祀活动上均跳此舞。拉祜族与同属氐羌族群的彝族一样，崇拜葫芦，把葫芦视作祖先诞生的母体的象征。芦笙舞的动作除有少数为祭祀活动时的特有动作外，绝大部分是表

现拉祜族的生产生活和模拟动物生活的，其过程
非常详尽。

正月初二开始，寂静的拉祜山寨便热闹起来。
午饭过后，盛装的拉祜族男女老幼纷纷汇聚到寨
子的中央空场上。人们在舞蹈场恭恭敬敬地摆放
篾箩，敬上祭神祭祖的糯米粑粑、蜡、酒等供品
和祈福的籽种、泥土。庄重而简短的仪式过后，
娴熟的芦笙手、三弦手吹奏起古老动听的曲调，
男子依次围在里圈，女子围在外圈，大家"联袂
而歌，踏地为节"，按逆时针方向边舞边唱。

芦笙舞之青蛙舞（李晓维　摄）

舞蹈以足踏动作为主，表现劳动狩猎场景或模拟禽兽动作，格调古朴，动作热情洒脱或诙谐有趣。在拉祜族民间有"听得芦笙响，脚底板发痒"的说法。跳笙结束后，人们纷纷抓取一把经过跳笙的籽种或泥土带回家播种，认为来年必能获得丰收。

　　拉祜族认为，芦笙是人类最早创造出来的一种乐器。在拉祜族创世史诗《牡帕密帕》中就有这样的记载，天神"厄莎"用葫芦孕育出第一代人类——扎迪和娜迪。扎迪和娜迪长大后，扎迪用金竹做响篾，再把响篾送给娜迪弹。他又砍来最好的泡竹，找来最好的葫芦、蜂蜡和槽树，做出了人间第一只芦笙。

　　吹笙起舞，在清代地方史志中已频频出现，如《云南通志》载："倮黑聚时，亲戚会饮，吹笙为乐。"《威远厅志》："倮黑性耿直，男女杂聚，携手成圈，吹笙跳舞。"直到今天，拉祜族还保留着早期舞蹈"围圈""携手""顿足"的特色。

　　拉祜族崇敬葫芦，把葫芦视作祖先诞生的母体象征，"没有成熟的葫芦，就没有拉祜的望歌"。

拉祜族人认为芦笙吹出的声音能与天神通话，能使人们闻声相聚。人们跳起芦笙舞，可以超越时空，与神同乐并得到神的庇佑。

跳芦笙舞不仅能增强民族的认同感，还能在团聚的欢乐中，增强民族凝聚力。百分之八十以上集中分布在澜沧江以西地区的拉祜族都跳芦笙舞。芦笙舞的发展过程也反映了拉祜族社会变迁的过程，不失为拉祜族民间舞蹈中的一朵奇葩。

拉祜族诞生礼

生儿育女是人类社会生活中的一项重要内容，家族由此得以兴旺，民族由此得以发展昌盛。拉祜族诞生礼是人生第一大礼，也是一个人一生中举行的第一个仪式，在人生礼仪中占有重要的地位。

拉祜族妇女怀孕后，在行为上受到了一定的限制，这种限制甚至扩展到了丈夫，如孕妇不能采摘果子，拉祜人认为孕妇摘过的果树，结出的果子就会发酸生蛆；丈夫参加狩猎活动，在追踪受伤的猎物时，不能走在其他人前面，否则野兽会报复追捕的人员。拉祜族没有专门的接生员，分娩靠有经验的家人和亲友帮忙，当孩子顺利产下后，拿一块木炭垫起孩子，用竹片把婴儿的脐带割断，将产妇放置于倾斜的木板床上，用布把热鸡蛋或烧热的石头包起，在产妇的腹部滚动，以除去腹部的积留物。如遇难产，就要请"摩巴"来捉鬼作祭，把扫帚倒背在产妇背上，驱除"扑死鬼"以祈求顺利生产，在火塘中燃烧桃树枝、金刚钻，在门口悬挂茅草、黄泡刺条等，防止鬼魂对新生命造成危害。如果最终婴儿不幸死亡，就认为是命薄，不能来到人世间，倘若接连几胎都是难产而亡，就要把尸体埋在道路中心，任凭路人践踏，以求另外投胎。

孩子顺利生下来以后，接着就开始杀鸡庆贺，生男孩杀母鸡，生女孩杀公鸡，其目的一是祈愿"花生"，即轮流生男孩女孩，二是祈盼孩子长大后易于婚配，反映出拉祜族先民对人口繁殖的重视。

拉祜族对包裹着小生命来到这个世界的胞衣

（胎盘）有特殊的理解，并有其特殊的处置方式。他们认为，胎盘与孩子有着千丝万缕的联系，必须认真保护，否则会影响到婴儿的生命安危。因此，要把胞衣埋藏在母亲的床下或是门槛的下面认真保护，以防蚂蚁或虫子叮食，如孩子的皮肤出现红斑，人们就会认为是蚂蚁叮食孩子的胞衣的结果，要在埋胞衣的地方打一个洞，注入滚烫的开水，然后把洞口小心地堵好。拉祜人认为胞衣在物理上割断与人的联系后仍保留了它与人身之间的交感联系，并确信这种交感联系是非常密切的，这个人一生的祸福安危都和他的胞衣有关。

拉祜族有贺生习惯，小孩生下后第三天亲友都会来祝贺，馈赠的礼物有衣服、禽蛋、粮食、银钱和糖果。

孩子出生后的 12 天内，其父要护卫在旁，否则会被恶鬼伤害。满 12 天后，产妇就要下地干活，否则会遭到人们非议，说她懒惰。

拉祜族疼爱子女，不论生男生女都十分喜爱，不溺婴，不重男轻女。

中华人民共和国成立初期，党和政府根据民族地区的实际情况派出了大批民族工作队深入到边疆拉祜族村寨，在医疗卫生上，免费为群众防病治病，建立医疗系统，结束了拉祜族没有医疗事业的历史。这使拉祜族群众遇到难产、病痛主要依靠杀鸡、杀猪甚至杀牛以求助"摩巴"鬼神的传统习俗受到冲击，孕妇遇到生理上的不适或者难产，就到乡镇卫生院治疗、生产，在生育卫生方面实现了历史性的跨越。随着物质生活的改善以及医疗水平的提高，婴儿的成活率大大提高。尽管人们有人丁兴旺的愿望，且每年都必须要祭拜竖在村寨中心的生殖崇拜神桩，但"儿多母苦"的观念还是深入人心，国家的人口控制政策得到很好地贯彻实施。双胞胎或多胞胎不再被认为是凶兆。在贺生习俗上，现金与现代生活用品逐渐取代传统的简单食品。

拉祜族婚礼

婚礼是人生中一个十分重要的大礼，故自古被称为"婚姻大事"。人们之所以如此看重婚姻，是因为它标志着一个人步入了建立家庭、发展家族的重要阶段。

拉祜族的婚姻到近代以后，实行严格的一夫一妻制，青年男女婚恋亦相对自由。《威远厅志》称："倮黑性鲠直……婚不凭媒，病不服药，以六月二十四为岁，男女杂聚，携手成圈吹笙跳舞。"拉祜族的婚姻一般要经历串婚、订婚、结婚和从妻居几个过程。串婚是拉祜族青年男女进入青春期后谈情说爱的一种方式，俗称"串姑娘"。一般来说，男青年会犁田耙地、女青年能背4斗谷子（1斗15市斤）就开始串婚活动了。串婚具有严格的时间限制，一般在每年的火把节后开始，到第二年春耕这段农闲时间进行，农忙时节不能进行婚恋活动，否则就会遭到众人的耻笑和"卡些"的指责。串婚的方式多种多样，有的在夜晚，寨内外男女青年到寨中的寡妇家里，因为在这里男女青年可以无拘无束地谈笑玩耍，打闹嬉戏，吹笙弹弦，不受任何限制，被认为是最理想的谈情说爱的场所；有的是小伙子到姑娘家，父母一般不干涉；更为普遍的是夜幕降临，小伙子们三五成群结队到有姑娘的人家旁边吹芦笙、"哩嘎嘟"（四眼竹笛）、"响篾"（用竹片做成的一种乐器），用优美的曲调，邀约姑娘到村外对唱谈情。姑娘们听到乐声后，赶快做好家务事，换上漂亮的衣服，围上心爱的头巾，戴上"哩嘎嘟"和口弦，约上同伴，到村外树林里或是草地上，双方在相距不远的地方烧一堆火，开始对唱情歌，增进了解，加深感情。慢慢地，双方把篝火移到一起，围着篝火谈笑嬉闹，直到深夜或黎明时分才分手，小伙子们喜欢哪位姑娘就设法抢走她的包头（头巾）。包头被抢走后如果姑娘也喜欢小伙子，就假装追赶几步，不再要回包头就表示接受小伙子的爱情；如果看不上小伙子或另有所爱，就要紧紧抓住不让其抢去，万一被抢去了，就要托人带上一点礼物给小伙子，请他还回包头。

拉祜族男女青年通过串婚，相互求情，建立起浓厚的感情后，就相互赠送礼物。女方送给小伙子包头、背袋、荷包等，男方送给姑娘银手镯、耳环、手巾、花布等。

拉祜族青年男女在串婚的基础上，定下了自己的终身大事，但不直接告诉其父母，而是悄悄地告诉知心的姐妹或嫂子，由她们转告叔叔或舅舅，再由他们告诉恋人的父母。长辈们得知以后就开始策划儿女的婚事，请媒人到女方家去提亲，俗称喝"火笼酒"。

拉祜族媒人带上1壶酒、1包草烟、2包茶叶，金平、新平等地的拉祜族，还要带上2根松鼠尾巴，到姑娘家火塘边坐下后，不直接说出来意，而是用传统的充满情趣的话语表达来意，双方在整个对话过程中使用的语言都很隐晦。

通过对答，如果姑娘的父母同意，就收下礼物，并当场倒一杯酒喝，如不喝酒就当是拒绝。一般情况下，只要男女双方互相喜欢，父母不会拒绝，但有时也会遇到麻烦。如果两个家庭之间有较深的矛盾或者其中有一家被人们认为有"鬼"（扑死鬼、琵琶鬼），寨人都惧怕，名声也不好，那么婚事就会遭到反对。这时，有的拉祜族青年男女就会跑到深山里去居住,直到有孩子后再回来,也有不再回来,在山里成为独户村,永久性居住的。有的双方打扮一番,到山里服食狗闹花（一种剧毒植物）殉情。

拉祜族青年男女举行婚礼,一般在"扩"前后,婚礼简便,以不铺张浪费为荣。彩礼、聘礼以及办婚宴的丰俭程度以个人的物质条件而定,旁人不做任何评价。各地的拉祜族的结婚仪式大同小异。

结婚当天,新郎由媒人及亲朋好友陪伴着,带着给女方的礼物,吹着芦笙,浩浩荡荡地去接新娘。由四个男的赶一头猪,四个女的背四捆柴火,娶亲队伍尾随其后,到了女方家门外停下,赶猪的和背柴的必须同时到达,否则女方就要罚男方10碗酒、10斤肉。当接新娘子的队伍到齐以后,女方亲友就要查看男方的聘礼,因为拉祜族传统习俗认为,聘礼不能减少,否则将来新婚夫妇会经常缺吃少穿,过不好日子。

结婚仪式安排在傍晚进行,在正堂中间摆一

张桌子，男女双方的长辈、媒人以及唱婚礼歌的人们按男左女右就座，主婚的老人先点一对蜂蜡在神桌上。媒人拿2个事先砍好的竹筒给新郎新娘，新郎新娘要去接新水来给长辈喝。长辈们边喝边唱《呵托俰举》（祝福歌）："新郎新娘的圣水好喝，如同大江大海的水一样，吃不完用不尽。"有的地方还要提水给长辈们洗手，长辈洗完手后，从新娘的舅舅、父母开始，在新娘新郎的颈上、手腕上拴白线，表示祝福。接着媒人请新郎新娘蹲在正对神桌的前方喝圣水，圣水是用一碗水，加几粒米、几片茶叶、一对手镯制成的。拉祜人认为喝下圣水，一对新人就会相亲相爱，永不变心，白头到老。接着长辈们就吟唱着新娘新郎的名字进行祝福："从今以后你俩配成双，刀心配刀壳，背索配背箩，永远不分离。"媒人接着唱道："天和地是一双，太阳和月亮是一对。别人的板凳你莫坐（意思是不要去勾引别人的妻子），别人的刀把你莫扒（意思是莫去拉别人的丈夫）。"唱完要打一碗清水给新郎新娘喝，水不能泼洒，认为泼了水生下来的孩子就容易夭折。媒人要撮一点糯米给新郎新娘吃，新郎新娘拿一个饭盒放在长辈面前，长辈们要夹一点肉放在饭盒里，祝新郎新娘婚后有"吃福"。

第二天，新郎新娘在娶亲和送亲队伍的簇拥下，一路笙歌，返回新郎的寨子。新娘在途中要拣一捆柴火到新郎家，表示新娘的勤劳。新郎家鸣放土炮、火枪迎接，入门后先拜天神"厄莎"和神灵，后拜父母和老人。老人们为新郎新娘祝福，传授做人的道理和行为规范。主婚人和"卡些"要为新郎新娘拴线祝贺。婶婶拉着新娘的手交米箩，并让新娘用手抓一把米，象征新娘已成为这个家的家庭主妇了。仪式结束以后，新郎新娘又要去背水回来给长辈们洗手洗脸。拿一箩谷子，新郎舂米，新娘簸米，做饭给老人和亲友们吃。晚上举行规模盛大的传统芦笙舞会，三天后，新郎和新娘一起到女方家开始从妻居的生活。

拉祜族严禁纳妾，也不许发生婚外性关系，违者将被赶出寨子（在民族习惯法中，这已经是很重的惩罚了）。

中华人民共和国成立前，拉祜族青年婚前发生性关系，女方一旦怀孕，男方必须迅速筹办婚礼；不然女方有权罚男方出钱，甚至抄收男方财产。非婚生子在社会上不受歧视，但是，婚后男女双方都要遵守夫妇道德，不得淫乱。

拉祜族有女婿上门的习惯，是否从妻居要在婚前商定，如女方家缺乏男劳力，可明确提出要求，并定出从妻居的时间。即使不上门，男方婚后也要在女方家居住一段时间，帮助女方父母挑柴担水、耕田种地，以报答父母的养育之恩。旧时，婚姻形态中曾有转房习惯，即兄长或弟弟死后，可以娶嫂子或弟媳为妻。

拉祜族夫妻地位平等，同劳动、同享受。家务事多由妻子承担，体力活、重活多由丈夫做。按拉祜族谚语："不得穿是妇女懒惰，不得吃是丈夫无能。"故此，得穿新衣的男子爱在人前夸奖妻子能干勤劳，吃得好的妇女总爱在人前说丈夫有本事。男性社会地位略高于女性。读书识字、当选村寨头人、商讨政事、祭祀神灵等，多数由男子来做，妇女不过问。

　　拉祜族离婚现象极少。谁有喜新厌旧的思想提出离婚，不仅将受到众人指责，而且要按寨规族规罚款。谁先提出离婚，对方就有权以巨额罚款要挟。如果双方都同意离婚，则要请寨里德高望重的老人主持离婚仪式。用一根红线，离婚双方各牵一头，老人念些口语后用火将红线烧断，婚姻关系就算正式解除。即便是双方同意离婚，也要按寨规给予罚款，罚款用来买猪、买酒宴，请寨人同进一餐。有子女的夫妇离婚后，男孩归父亲，女孩归母亲。财产的继承视离异情况决定，单方提出离婚者不得继承或分享财产，双方自愿离婚的财产各得一半。

　　家有老人在世的，未经老人同意不得离婚。

　　进入现代，随着社会发展，新思想意识的教育传播，拉祜族的婚念观念有所变化，许多女青年远嫁省外，打破了族内婚或是周边寨子间相通婚的局限，特别是打破了族内对偶婚制在婚俗和婚配观念中的遗存——单行姑舅表婚。早婚的危害性，得到广大青年男女的认识。初婚年龄不断增大，从中华人民共和国成立初期的十五六岁上升到20岁左右，如澜沧南段老寨的35对夫妇中，男性初婚时的平均年龄为21.6岁，女性初婚时的平均年龄为18.8岁。在准备的彩礼及嫁妆中，现金、现代生活用品，如家用电器、现代家具逐步取代传统的生活用品和生产工具。从妻居的传统习惯法逐渐淡化。结婚以后居住在哪方，主要由双方的家庭情况决定，一般在结婚前由双方商量好，多数人认为在哪里住完全是个人的事，应尊重当事人的意见，特别是实行土地承包制以后，新增或减少人口与生产资料的占有没有多少关系，从妻居往往只是一种形式。

拉祜族葬礼

拉祜族丧葬礼俗是拉祜族所特有的一种社会活动和文化行为，作为人类文化传播中最具有民族性、地域性，同时也是最具有稳定性和传承性的一部分，丧葬礼俗往往是特定社会关系、社会组织以及特定精神世界的最集中、最生动的反映。

死亡是人生历程的终点。"死"是丧葬活动的起点。传统的丧葬活动，表面上看是围绕着死者的"死"拉开序幕，其实是围绕着一种特殊的"生"而展开的。因为在拉祜族的传统观念中，死亡只属于肉体，灵魂却永存，所不同的是它伴随着人的死亡而转移到另一个世界。于是，拉祜族围绕着死者灵魂在另一个世界的衣食住行展开了一系列的丧葬礼仪。

拉祜族在长期的游猎生活中，一直处于迁徙不定的生活状态，遇有家庭成员去世，往往弃尸荒野，迅速转移别处。《楚雄府志》中记载："倮黑……遇有死者不殓不葬，停尸而去，另择居焉……"随着拉祜族社会经济的发展，迁徙不定的狩猎经济向定居的农耕经济过渡，拉祜族的丧葬礼俗也逐步形成，其葬礼一般有告终、洗尸、装棺、出殡、安葬、隔魂、复山等过程。拉祜族的传统观念认为，一个人从降生人世开始，循序渐进地走完自己漫长的人生旅途，及至年老体衰时才寿终正寝，就是正常死亡；因突发事故而死亡的为凶死或非正常死亡，诸如被砍死、淹死、摔死、打猎误伤致死、难产而死，等等。

在拉祜族习俗中，人去世时，应立即在家门口鸣放火药枪报丧，有的地区还要用一根木棍把草房戳一个窟窿，意思是让死者的灵魂从窟窿里钻出去。村寨内的人们和亲友听到枪声后，就放下手中的活，纷纷前来帮忙料理丧事。

拉祜族人死后，要在口中放一点银子，称"含口钱"。亲属要为死者净身、剃头、更换新衣，然后用一块白布或麻布盖住全身，接着，一边派人到外寨通知亲友，一边赶制棺木。制作棺木的树要选高山向阳、粗大挺拔的，选时要用鸡蛋投掷占卜。树选定后砍倒，取一段剖成一半厚一半薄的两半，分别镂空，厚的做底，薄的做盖，入殓后两半合拢，上三道藤篾箍，用木楔楔紧。有的不制棺木，而是用树皮做棺，按死者身材剥下树皮，剖为两半（剥树皮的人数必须是偶数，因为在拉祜族的丧仪中，拉祜人认为单数者的魂魄容易被亡魂夺去），把死者放入树皮中，两半合在一起用篾箍箍紧，两端用芭蕉叶塞紧。还有的不用棺木，用篾笆裹紧或用白布包裹后拿藤条扎起就成。等亲友到后，入殓并移至正堂，在棺前点上香蜡，摆1碗米饭、1个鸡蛋、1双筷子（有的地方必须折断1支）。棺上放1个背袋，袋内装死者生前爱吃的食物。死者放入棺木后，就要为死者杀鸡或者杀猪，杀前要将绳子的一端拴在鸡或猪的1只脚上，另一端拉到棺木前，嘱咐道："这些猪鸡给你带去好好地养吃。"有的地方，家人必须捉1头小猪，用1根白线，一端拴在猪脖子上，另一端放在死者的手上，然后用一盆清水将猪活活溺死，意思是让猪为死者去阴间带路，并为死者供水喝。

镇沅、景谷、澜沧等地的拉祜西支系认为人的生与死是早已定好日期的。因此，人死后就得埋葬，如果说人死停尸不葬，死者的灵魂就会到处作祟。这些地区的拉祜西有当日人死当日出殡下葬的习俗。澜沧江两岸的多数拉祜族，人死后往往择日而葬，例如：澜沧县东朗乡拉祜纳支系若有人遇属龙、属猪、属虎之日死亡则择日出殡；糯福南段革新寨的拉祜纳支系则忌讳在属虎日和属马日出殡，认为虎日和马日死的人死期不好。新平建兴一带的拉祜族老人去世后停尸时间较长，停尸天数的多少与老人的寿命成正比，一般7—8天，少则2—3天，多则10余天。

拉祜族成年人死去，特别是老年人死去，要请"摩巴"或生前好友来唱《送鬼哀歌》。拉祜族认为，人体和灵魂是分离的，人死后人体虽然不存在了，但要把他的灵魂送到祖先居住的地方去与祖先相聚。所以，拉祜族在人死后要举行送魂仪式，为死者安魂引路。

拉祜族通过"摩巴"及亲友对死者的追思和对死者生前行为的赞美，来教育世人特别是年轻人。当把亡灵的去向及生活安排好之后，"摩巴"要把在场的活人的灵魂从祖先居住的地方召唤回来，分清死者和活人的界线，各在一边，互不干扰。

拉祜族出殡时，死者的脚的方向要转朝外，表示死者的尸体和灵魂已经不在家里了。有的从门抬出，有的从中柱两侧抬出，分男左女右。灵柩抬出门时，鸣放三枪，死者的儿孙匍匐在门槛外面，让灵柩从他们上面抬过，这称为"搭桥"。灵柩在门外停放片刻，死者的亲友和后代在死者的手上摸一下，然后把死者象征性地留给后代和亲友的衣角或包头碎片包好，等到葬礼结束时再打开看。如果里面有谷壳，则预兆丰收；若有牛毛，则预兆养牛满厩，要常祭祀；若什么也没有，则预兆白手起家；若有虱子，则预兆有饥荒。出殡时有的地方女人不送葬，由一男人端一盆火，背着死者生前用的衣服、毯子、烟锅、弓弩、竹筒等生活物品在前开路。

拉祜族无论是土葬还是火葬，每一个村寨都有一片公共墓地或火葬地。凡是正常死亡的人都可以进入公共墓地埋葬。选择墓地的办法是由"摩巴"手持鸡蛋祈祷道："如果你想在这里，就让鸡蛋打烂，如果你不想在这里，就请你接住鸡蛋。"然后"摩巴"将手中的鸡蛋向身后抛去，鸡蛋落地破了，就认为这是片好地，死者喜欢，于是就在鸡蛋打破的地方开挖墓穴。如果鸡蛋落地不破，就要再选新地，直到鸡蛋打破为止。

澜沧江两岸的拉祜纳支系和部分拉祜西支系的葬俗有点差别，其中最大的差别在于拉祜西从停尸开始到出殡，都将尸体与棺材分开或将尸体用白布裹好后放在棺板上，而非入棺停灵。出殡时，一部分人抬棺板，一部分人抬尸体（白布裹着的尸体用两根竹子捆绑起来），墓穴挖好后，先把棺板放到墓穴中榫接好，清理干净后，在枪声中将尸体缓缓放进棺材中，盖棺之前要将死者头部的白布拉开，拉祜语称"牡密我寒"，意为最后看一眼现实世界。

盖棺后用四根细树枝插在棺材四周，然后开始填土，待土把棺材掩盖到看不见时，在场的人都要象征性地往外拉一下树枝，同时自言自语道："我的魂我自己拉出来。"意思是不让活人的魂与死者的魂同留于坑内。殡葬结束后，举行隔魂仪式，砍两根一尺多长的树枝扎成一个 X 字形木架，用茅草在木架前烧一堆火，所有参加葬礼的人都要从火塘上跨过并从 X 形木架下钻出来，主持仪式的"摩巴"在旁边祈祷："我们活人的魂回去啦，你们死人的魂留下吧！"在回家的路上不能回头看，有岔路口的地方要用枝叶堵拦以防亡魂跟来。每人还要顺手从路边折一根小树枝带回家，到了丧主门口，用树枝蘸一下事先备好的清水，然后头也不回地朝后甩掉枝叶，"摩巴"在旁念道："死人的魂出去，活人的魂进来。"边念边把出殡的人们逐个拉进家里。进屋后，"摩巴"要给每个人拴一根魂线，并祈祷："他在那方，你在我这方，你来这方，他去那方，今后别让你疼病。"

拉祜族除土葬外还实行火葬。实行火葬的村寨，在寨子外面的山林中都有一片火葬场。火葬场被视为禁地，周围的树不能砍，土不能动，不能把不干净的东西带进去，更不能让牲畜进入，违者会受到严厉的惩罚。火葬场内分氏族设立火塘，寨内成员凡是正常死亡，都可以进入火葬场火化。葬前先安排人到火葬场周围的山林中砍好柴火，搬到本氏族的火塘内。若死者为男性，柴要堆成八层；若是女性，则要堆成九层。据说男人有八节肠子，女人有九节肠子，因而女人会生孩子。由于拉祜族认为不同性别的人肠子节数不同，火葬的难易程度不同，用柴的数量就不同。灵柩抬到火葬场后，将棺材或篾笆打开，取出尸体脱去衣服，放在架好的柴堆上，"摩巴"杀鸡看卦，边念咒边点火，其意是："你到了阴间，你的灵魂上天，不要给活着的人灾难。酒不够再给你，你要猪、要牛再给你，你顺着祖先住的路走，火烟臭气带走。"火化后有的收起骨灰另行埋葬，有的不收骨灰，不掩不埋。

拉祜族重生不重死，重"现世敬养"而不追求"慎终追远"的孝义观。葬礼简单朴实，不盲目追求排场，与周边民族形成了鲜明的对比。随着社会发展与民族交流的增多，拉祜族在习俗上不断移植周边民族，特别是汉族的一些葬俗，与拉祜族的原始信仰结合在一起，形成别具特色的丧葬习俗，这种习俗反映出拉祜族浓厚的灵魂观念。尽管在理论上人们都会怀疑灵魂的存在，但在丧仪中分隔生者与死者的灵魂的行为在不断地演进，有时甚至很难区分是哪个民族的习俗。

省级文物保护单位——糯福教堂

糯福教堂，位于澜沧县糯福乡乡政府西北方向 300 米的小山，建筑面积为 506.6 平方米，建于民国十一年（1922 年），系美国浸信会基督教堂。该教堂为拉祜族干栏式围廊建筑，内部装修为欧美教堂风格。平面布局呈纵向双十字形相连之木构架，平挂瓦屋面，内有礼拜堂、拉祜文教室、牧师

糯福教堂（谭建国 摄）

休息室。1949 年解放时，基督教传教士活动终止。
该教堂现为云南省第三批省级重点文物保护单位。

思茅元碑——整控江摩崖石刻

整控江摩崖石刻，云南拉祜族地区元代的历史文物，史书称"都不花摩崖""思茅元碑"，为元代题崖史记。它位于澜沧拉祜族自治县糯扎渡镇勐矿村下勐矿自然寨澜沧江边的岩壁上，距县城 100 千米。石刻用楷书直行书写，阴文，共三行，记述了元朝将领都不花率领军队征八百媳妇国之兵事。崖字似用刀刻成，正文能辨认的有："中道总兵官万户达石八力……都不花领军二万八百……"落款为"大元壬午十二月初八日书"，是元朝屯兵云南拉祜族地区的见证。1987年被列为云南省级重点文物保护单位。八百媳妇国据《新元书》载："八百媳妇者，夷名景迈，世传其长有妻八百，各领一寨，故名。"据江应梁教授考证，八百媳妇国就是兰那国，意为"百万稻田国"，是 13—18 世纪存在的一个王国。其区域包括现今泰国北部以清迈为中心的清迈、清莱、帕瑶、南奔、南邦、帕、难7个府和缅甸南掸邦地区的景栋、动勇等地。据有关史料记载，兰那国与我国的西双版纳历来有联姻。

拉祜族取名

根据拉祜族的传统习惯，婴儿的名字，被认为是关系到其成长的关键，人们很重视。一般是孩子出生后3天或满"一龙"（又称"一轮"，以十二属相计算，12天为"一龙"）即给孩子取名，但也有到满月后才给孩子取名的。一般请"摩巴"或村寨里的长者给孩子取名，也有家里的老人，如爷爷奶奶、外公外婆聚在一起，杀鸡看卦给孩子取个吉利名字的情况。拉祜族通常以孩子的生日、生年属相名称以及出生时的月份来给孩子命名，有时也以孩子的长相，如黑白、胖瘦和体质的强弱以及大人对孩子的愿望来命名，甚至用树木花草的名称来命名。此外，也有按排行来命名的。

拉祜族一般在男性名前冠以含勇武之意的

"扎"，如扎斯；女性名前冠以含亲昵之意的"娜"，如娜娃。也常在男子名后加一个代表男性特征的"八"字，如长子叫"扎厄八"；女子名后加一个代表女性特征的"吗"字，如长女叫"娜厄吗"。因此，从拉祜族的人名中可以看出其性别特征并推知其年龄。拉祜族原先没有姓氏，后借自汉姓，最初只有张、李两姓，后随着与汉族等民族交往的日益频繁，拉祜族的姓氏也不断地增加。目前，拉祜族的姓氏，除张、李两姓之外，还有杨、石、罗、彭、蒋、普、钟、姚、自等姓氏。然而，由于拉祜族地区的大部分群众不懂汉语，因此，在拉祜族名字前冠上汉姓的仅限于一部分上过或正在上汉文学校的拉祜族学生和现任拉祜族国家干部职工。一般平民百姓的名字前还没有冠姓的习惯。取名后孩子多病的，可根据出生的时辰改名，例如：天亮时生的男孩叫扎体，女孩叫娜体；也可以根据孩子的特征改名，例如：生得胖的男孩叫扎儿，女孩叫娜儿，等等。

拉祜族传统历法

拉祜族人在长期的原始游猎迁徙中，形成了依气候和月亮绕地球转动的定周期来区分日、月、年的月亮历。

拉祜族历法一年有 12 个月 360 天，1 个月 30 天为一个哈巴，无月大月小之区别，亦无闰月，只以月亮的盈亏变化略作区别，月牙时称"哈巴斯"，月圆时称"哈巴道"，月亏或月没时称"哈巴切"。

一天中习惯通过观太阳的出没、移位来定时刻。一昼夜称"牡尼"，鸡叫三遍天亮时称"阿甫布塔"，早饭前称"牡梭塔"，太阳当顶称"撒午塔"，太阳偏西称"撒扩塔"，傍晚称"牡迫塔"，深更半夜称"撒各克塔"。

拉祜族根据动植物生长、发育、活动的规律及日月风云变化的现象来掌握农时，安排生产，如镇沅县的苦聪人的《栽秧歌》唱道：

阿戈些（李子树）开花的时候，

是撒谷种的季节。

刺苞菜发棵的时候，

就该栽秧了。

梨树开花的时候，

是种苞谷的季节。

大红菌出土的时候，

就该犁冬荞地了。

麻普薇（白山茶树）开花的时候，

是种苦荞的季节。

阿里么迪（一种黑色小鸟）叫的时候，

雨水就落地了。

拉祜族家庭制度

近代拉祜族的家庭有一夫一妻的父系小家庭和双系大家庭两种类型。到 20 世纪 50 年代，双系大家庭在澜沧县的糯福、孟连县的南雅、勐海县的布朗山及耿马县的富荣等地还有不同程度的残余。其家庭成员为一对夫妇及其三四代后裔，包括儿子、儿媳、孙子、孙媳、女儿、女婿、外孙女、外孙女婿等。在大家庭内，一对夫妇及其未婚子女组成一个小家庭，各小家庭共居长屋内，长屋内人口从40人到100人不等。大家庭由辈分最高的男女老人担任家长，男家长的主要职责是领导和组织生产，主持宗教祭祀，调解内部纠纷，参与村寨公共事务的处理；女家长主要负责安排家庭副业，主持全家的粮食开支。儿女婚事由男女家长协商处理。大家庭共同生产收获的粮食归全体成员所有，牲畜亦属共有，但各小家庭自己从事副业所得归己所有。有的大家庭内部各小家庭之间已出现贫富分化。大家庭分家，共居长屋的子女均可分得一份，赡养父母的长女或幼子，除应得的一份财产外，还可继承父母的房屋。已到妻方居住的儿子和嫁到男方家的女儿均不得回来参与财产的分配。各小家庭，父亲的财产传儿子，母亲的财产传女儿。

父系小家庭是拉祜族主要的家庭形态，其成员一般包括父母和子女两代，长女或幼子成婚后与父母同住。这种小家庭由于是在明清以来双系大家庭解体的基础上发展起来的，时间不长，或多或少仍残存着一些母系特点，如男子从妻居，女儿可继承财产等。世系依然是严格按父系计算的。

拉祜族传统医药

拉祜族医药源远流长，在中、西医药未传入的历史长河中，拉祜族先民的防病治病，主要依靠口传心授的方法，使用自己的民族医药和自己的民间医生。即使医药事业快速发展的今天，民族医药仍对民族的繁衍生息起着重要的作用。在拉祜族地区引入西医西药之前，拉祜族医药随着生产的发展而不断发展，拉祜族人民利用当地药用植物防病治病，在与疾病作斗争的过程中积累了防病治病的方法、药物单方、验方，创造了自己的民族医药。它虽然没有文字记载，但数百年来通过"口口相传，代代丰富"，得到了不断发展。据清康熙五十年（1711年）《新平县志》载：哀牢山一带拉祜族聚居区的野生中草药有多种，其中，植物类药物为天门冬、五加皮、金银花、黄芩、半夏、天花粉、一枝蒿、车前草、益母草、红花、土当归、牵牛、重楼；动物类药物有穿山甲一种。

民国时期，据 1931 年版《新平县志》所记载的近代当地民族对野生药用植物资源的认识开发利用状况来看，其显著的特点是：野生药用植物类除前边提到的天门冬等十几种外，还增加了马尾黄连、石莲子、马蹄香、麦冬、桑寄生、威灵仙、何首乌、香付子、常山、兰花参、沙参、石斛、茵陈、苍耳子、鸡舌头、白人石、赤小豆等 30 多种；野生动物类药物除穿山甲外，还增加了鳖甲、蝉蜕、灵虫等 3 种。这些古代朴素的民族医药、乡土疗法，经过历代民族医生的实践探索和总结，成为既不同于中医，也有别于西医的具有独特的病因学、独特的疾病分类、独特的治疗学和药物学，具有拉祜特色的自成体系的民族医药学，同时也成为祖国医药学宝库中的重要财产之一。

拉祜族祖祖辈辈生活于哀牢山、无量山等一带，他们不仅以"勇于猎虎"著称，而且善于辨识防病治病、强身益体的各种植物。独特的医药学知识反映了人与亚热带森林环境的长期相互作用的过程，富饶的亚热带环境为拉祜族人民提供了维持基本生活所必需的野生植物原料、狩猎和采集植物的场所，但终年温热的生活环境和艰苦的生产活动又容易引起各种热带、亚热带疾病。在长期实践过程中，他们逐渐积累了利用周围的植物治病强身的医药知识，形成了自己的医药特点、自成体系的人体结构诊断与治病方法。在对民族医药的调查整理过程中，学者深感拉祜族医药具有的独特古老风格。它保留了我们祖先早期使用草药治病的传统特色，从中可看到祖国医药发展的联结，值得今后进一步发掘整理。

拉祜族居住山区的植物生长繁茂、药物资源丰富，取用方便。民间医生对当地草药十分熟悉，用药不拘一格，皆以随手可取的为首选，让病人及时得到治疗。他们用药十分灵活，一药可用于多种疾病，一病可选用产季、生长习性和形态各不相同的各种植物来治疗，皆视病家周围有何种草药可用。拉祜族聚居乡村一般常用的草药有四五百种，选择余地大，且拉祜族医生喜在居住的大庭院附近栽草药，更加扩大了选择余地。各种药草成分复杂，一药往往含有多种治疗成分，就决定了其在治疗方面的广泛性和随意性，如生姜、芸香草、花椒、核桃、棕、芭蕉、梅、香石榴是拉祜族喜栽的调味品和食疗品，亦为防治流感、咳嗽、呕吐、腹痛、扭伤、头晕、头痛、消渴的佳药，这些药（食）品扩大了拉祜族医生用药的选择余地。中医药早期使用的草药也经历了这一过程。医者懂医识药，药由医生随手选用，由于经济和文化的发展，医药事业有了很大的进步，社会出现了分工，医与药逐渐分开，商品药材出现，中医使用药材部门经营的中药。拉祜族医药学则仍保留着医药不分家的特点。当然，现今拉祜族对医用药的使用，较之过去有很大进步，随着对药物认识的不断深入，盲目性大为减少。拉祜族医生对毒性药的使用十分慎重，除认识到一般熟知的药物如草乌、半夏、南星等有毒外，也认识到木凤仙花等药物有毒，不能内服；三台红花有小毒，内服不能超过 20 克；芋头七、小茴皮、朱砂根等有小毒；洋金花种子用量5g就会出现尿闭、眼花、口干舌燥等中毒症状。这些用鲜血甚至用生命换来的宝贵经验，大大约束了用药的盲目性，提高了安全性。

拉祜族民间医生在广泛实践的基础上，针对药物性能的鉴别，概括出几条歌诀性的药性理论。从植物形态上，认为"藤本中空能清风，多毛多刺消炎肿"；从气味上，认为"补药味甘甜，治红（血）用酸涩，芳香多开窍，消炎取苦咸"；从药用部位的选择上，一般秋冬多用根茎，春夏多用花叶，块根植物多用根，须根植物多用地上部分，矮小灌木多用全株，乔木多用茎皮和果实，开花鲜艳的植物多用花蕾。上述初步的归纳，虽然有一定的局限性，但拉祜族对药物的认识大大提高了。这些初步的归纳成为拉祜族药性理论的雏形。"藤本中空能消风"，如毛茛科铁线莲属、防己科、木通科、五加科、葡萄科、夹竹桃科和萝摩科的一些植物是藤本，常用于祛风除湿、利尿消肿；伞形科和唇形科植物的茎大都中空，有芳香化湿之功。"多毛多刺消炎肿",如蔷薇科、苦苣苔科、茜草科、桑科植物,全身披满毛刺,用于清热消炎、治疗疮痈疽。他们还把药物的性和味结合起来推敲、总结出来,如甘味滋补,涩酸敛血,芳香开窍,苦咸清热等经验。这些凭感觉和味觉总结出来的形象的歌诀,与中医理论产生的背景基本相同。

拉祜族葫芦崇拜

拉祜族的葫芦崇拜是从原始社会流传下来的一种习俗。他们视葫芦为自己的始祖和保护神,

葫芦情(苏锟 摄)

至今仍把葫芦看作女性美的象征，男子择偶追求的女性的乳部、腹部和臀部的标准都与葫芦相似。他们给孩子取名时，都要带一个葫字，希望孩子长大成婚后，也像葫芦一样，生下更多的子女；习惯在小孩的帕子和衣领上钉上葫芦籽，认为这样鬼魔不会附身；把葫芦当作家庭贫富的标志，摆在门前或吊在屋梁上，有的在门前堆放四五十个葫芦，以示富有。他们还用葫芦制作各种用具，喜欢使用葫芦做的瓢、碗、勺等器具和芦笙等乐器，对不能用葫芦代替的鱼篓、斧头、木雕等用具，也要制成葫芦状。这种习俗的由来是这样的，相传很久以前，洪水漫天，人都被淹死了，只有两兄妹躲在一个大葫芦里在汪洋大海中漂泊了七天七夜，幸存下来，后来他们结为夫妻，繁衍了后代。又传说，远古时代，洪水之后，世界上只剩下一个孤儿。一天，他在池塘边玩耍，有一条小红鱼吐了一粒葫芦籽给他。孤儿把它种在自己的茅棚外，不久结了许多葫芦。一天夜里，一声巨响，一道金光，从葫芦里走出了一个美丽的姑娘，她与孤儿结成夫妻，从此，人类便繁衍了下来。因此，葫芦便成为拉祜族的图腾。

拉祜族和谐思想

拉祜族的和谐思想，主要表现为人与人的和谐、人与社会的和谐以及人与自然的和谐。

人是社会中最基本的因素，人与人的关系是社会生活中最为基本的社会关系，人与社会的和谐首先体现为人与人关系的和谐。在人与人的关系中，拉祜族以热情好客、重感情、讲信义、喜交友而著称。拉祜族人常说，"天上的飞鸟有鸟群，地上的羊有羊群，人应该有更多的朋友"，认为"结仇伤己，结友利多""朋友越多越乐，仇人越少越好"。他们把来客人当作是家里的荣幸，客人到家，无论相识与否都要以茶水招待。对远道而来的客人，主人陪同吃饭，客人吃好后，自己家人才吃，以表示对客人的尊重。逢年过节，拉祜族人往往要带上几个粑粑、一壶酒、两挂肉、几棵甘蔗、一束芭蕉去走亲访友，互叙友谊。拉祜族热情好客的民族性格也在其芦笙舞的表演形式中被体现出来，如"哈如"，即"迎宾舞"，把对来宾的那种热情大方和喜不自禁的心情表露出来，突出"客人是最尊贵的，我是最高兴的"的习俗；"俄带扎"，即"设宴舞"，表现把自己最好的东西献给客人吃的礼节，突出"热闹的场面"和"先客人后自己"的气氛；"日多"，即"敬酒舞"，常常是在宴会开始前进行，一般由青年男女10余人组成，男子手拿芦笙边吹边舞，女子手拿盛酒葫芦边唱边舞，以此表达对客人的尊敬之情，舞毕，姑娘们将装满酒的葫芦双手进献给客人一饮而尽，此举为拉祜族的最高礼节之一。拉祜族是一个重情重义的民族，推崇以真处事，以诚待人，以义交友的做人原则。拉祜族人常以"有话当面讲，有肉当面吃""饭不熟不吃，话不真不讲""菜好在于盐，友好在于心"的谚语，提醒人们要诚实，要讲实话。他们讲求诚实，中肯，不说谎，不失信用，不相信对自己撒过谎的人。他们有着轻财重义的质朴性格，在社交活动中，重视情谊；在经济往来中，别人托付的事，尽力地去办，绝不会斤斤计较或半途后悔。拉祜族人在与人交往中坚持"和气"为上，讲究宽容、忍耐及谦和。他们在语言上重视谦和，不高声嚷嚷，不粗言粗语，不说过火的话，不说尖刻伤感情的话，看到对方行为粗俗就主动让开，尽量避免发生不愉快和冲突。拉祜族强调"宽厚处世，协和人我"的关系，把融洽相处、诚信友爱作为处理人与人之间关系的基本准则，形成了人与人和谐相处的良好社会氛围。

社会和谐是建构在人与人的关系和谐的基础之上的。家庭是社会的细胞，是社会结构中最基本的单位。家庭和谐是社会和谐的基础。拉祜族重视家庭团结和睦，经常用"纺车好，好纺线；家和睦，人心欢"等谚语，教育族人要维护家庭团结和睦。在家庭关系中，夫妻关系又是最根本的关系。夫妻和睦是家庭和睦的关键，拉祜族人的婚姻基本是以自由恋爱为基础建立起来的。夫妻和睦，地位平等，互相尊重，互相爱护。凡涉及盖房、买牛、买猪等家庭重大事情，夫妻一起商量，共同决定。在生活中，即使一方发生疾病、伤残等不幸事故，另一方也要尽心尽力照顾，不得随便离婚。在拉祜族人中，很少有离异的现象。拉祜族重视兄弟姊妹之间的和睦相处，认为"小红米分穗不分根，兄弟姐妹分别不分心"，强调兄弟姊妹间的同心和团结。有趣的是，拉祜族芦笙的五根笙管，在传说中代表五兄弟，在制作过程中根据音色的需要而长短不一，五根笙管一根比一根短，依序排列。根据吹奏时手指的位置从长到短把它们分别称为"俄籽麻、俄拉麻、拉糯籽白、拉糯勐的答和俄普借"，具有像兄弟和手指不能分开的含义，象征着从葫芦里出来的子孙团结奋进的精神，体现了人不能以大欺小，各自都可以发挥其特长的人生哲理。拉祜族人有尊老爱幼的传统。他们称老人为"布摩"，即"白发老人"，是能为众人排忧解难的人。拉祜族民间广泛流传着"太阳、月亮是老人最先看见，最老的人是懂得道理最多的人"的古训。家庭生活中，老人是社会和家庭的中心。过年时要用新水给老人洗手洗脸，大年初二开始的拜年活动中，要给寨内老人拜年，平时吃饭时第一碗饭先给老人，第二道最香最浓的烤茶也要先给老人。拉祜族人遵循"莫砍寨头的神树，莫虐待家里的老人"的古训，很少出现虐待老人的现象。同时，老人对小辈和子女也十分疼爱，不仅关心他们的生活，而且还要对他们进行传统的伦理道德教育，为他们祈福。拉祜族家庭和谐还突出地表现在双系并存的大家庭制度中。在血缘姻亲基础上建立起来的以女性为中心的母系大家庭，拉祜族人将其称作"底页"。家庭成员共同居住在大房子内。大家庭内部又分为若干小单位，拉祜族人将其称为"底谷"。随着游猎、游耕生产向定居农耕生产的转变和居住地的相对稳定，拉祜族社会中既存在以女性为中心的大家庭制度，又存在以男女性为中心的大家庭或者是男女家长共同主政的大家庭制度。在以双系为中心的大家庭中，下面包括三代或四代后裔，不仅包括女儿、女婿、孙女和孙女婿等母系成员，也包括儿子、儿媳、孙子和孙媳等父系成员。在这种双系大家庭中，男女家长共同主持家政，男女成员地位平等，数十个小家庭，十几个、几十个乃至上百个家庭成员和睦相处，共同生活在一起，充分体现了和谐的家庭关系。拉祜族重群体轻个体，依靠集体力量维持生存的群体意识十分强烈。他们知道"一只蜜蜂酿不了蜜，一粒米煮不成稀饭"，懂得需要依靠集体的力量与合作才能生存，因而，他们重视邻里关系的和谐，有相互依存、互帮互助、集体协作的传统习俗，建立了相亲相助的邻里关系。这主要表现在：第一，经济生活上的互补性。群体进行生产活动，集体开垦一片土地，连片种植，分户管理，收成归自己，农忙时节，互助支援，建盖房屋不计报酬。第二，日常生活中重视互救性。在寨人或邻近族人中重视相互照应，一人有灾，群体帮助，一户闹饥荒可到别家就食。第三，经济生产上讲究群体的勤劳性。人人都要尽力劳作，反对好吃懒做。从群体本位、集体至上的价值追求出发，拉祜族有利益均等的道德观念。镇沅县者东、九甲等地的拉祜族聚居区，不仅有"人心不平安水秤"的说法，而且曾一度盛行"刻木分水"。"刻木分水"就是指当地拉祜族人根据各家各户田地的多少，计算出需水量后，在沟口安放一个水平仪，将沟水进行合理分配。用于"刻木分水"的水平仪有木刻水平仪和石刻水平仪两种，而以木刻水平仪最为普遍。选一根长短粗细适宜、质地坚硬的木头，凿出或砍出大小不一的口子，水平仪即做成。安放水平仪仪式，经全体成员集体讨论决定，赋予其一定的寨规族规，具有公正性和严肃性。水平仪一经放置，人人都要共同维护和遵守，任何人都不能改变水平仪的原状，违者将按寨规严肃处理。实行"刻木分水"的拉祜族地区，从未发生因争田水而引起的纠纷，故人们将"刻木分水"称为社会行为的"道德天平"。这种重群体、轻个体，追求利益均等的价值原则和行为规范，维护着拉祜族地区的稳定和谐。

　　拉祜族是一个爱好和平、渴望安宁的民族。

在拉祜族最隆重的传统节日"扩"的准备中，一定要制作"罗波结"和"罗波尾"的"扩党"象征物。"罗波尾"的意思是"莲花"，拉祜族把"莲花"视为平等、和谐、公道的标志。因此，"罗波结"和"罗波尾"的意思就是"和平之树"与"和平之花"，是和平、安宁的标志与象征，同时也表明拉祜族人"凡行事要尽量周全，使各种矛盾得到缓解或圆满解决"的理想追求。因此，拉祜族人十分重视寨际之间的安宁、和谐。他们不仅平时保持着寨际之间的往来，及时调解民众之间发生的误解和争执，而且每年春节各村寨之间都要互相举行拜年活动。拜年时，要带上香、蜡烛、猪肉、米、糯米粑粑等礼品，向他寨人送去本寨人的祝福，祝愿他寨人来年粮食丰收，无病无灾。相互间的拜年活动，增强了寨与寨之间的感情，增进了友谊。拉祜族也重视族际之间的团结、和谐与安宁。在处理民族矛盾和纠纷问题上，拉祜族"为维护本民族的根本利益，在涉及外族的纠纷中，采取克制、忍让态度，尽量把因矛盾纠纷造成的隔阂缩小到最低限度，以便能与其他民族长久友好"。拉祜族长期与布朗族、佤族、傣族、哈尼族等族交错杂居，与他们建立了友好、和谐的民族关系，如在中华人民共和国成立前，勐海县的拉祜族向汉族、傣族学会了打铁的技术，拉祜语称铁匠为"张列"，即借用傣语。拉祜族平时向傣族兑换或购买衣服，穿傣族服饰。逢年过节，亦互相邀请做客（拉祜族过年第一天特邀外族入寨共同吃喝），常来常往，感情融洽。一些傣族群众喜欢为他们的孩子寻一位拉祜男性作干爹，当认定了干爹之后，两家就成为亲戚了。中华人民共和国成立后，各民族间的关系，已建立在友好平等的基础之上，"团结"两字已成为各民族最喜欢说的词了。沧源县岩帅镇至今还流传着"阿佤、拉祜是兄弟"的民族团结的佳话，双方今天依然保持着你来我往、相互庆贺节日的传统，仍在继续谱写着民族团结、和睦相处的篇章。

人与自然的和谐是指人与天地万物的相互依存、和谐共处、和谐共生、协调发展。拉祜族推崇人与自然的和谐，人与自然共生共存是拉祜族人处理人与自然关系的基本价值取向。拉祜族崇拜自然，往往通过各种宗教祭祀活动来协调人与自然的关系，从游猎游耕走向定居农业的拉祜族有着祭祀山神、水神、树神、土神的传统和习惯。在拉祜族人看来，每一座山都有一个神灵守护着，凡是该座山的所有物品，只属于这座山的山神所有，谁也不能动它，否则，就要受到山神的惩罚。人们要向大山索取物品时，都应该举行祭祀活动，以求得山神的允许。因此，拉祜族农耕、选地、打猎、砍伐木材等，都要举行或简或繁的祭祀活动。拉祜族信仰水神，祈求水神给他们送来清澈甘甜的水。每年大年初一清晨，鸡叫头一遍，各家各户都背着盛水的葫芦、竹筒到平时取水的地方去接新水。在接新水的头一天晚上，各家各户都要把盛水的工具腾空，叫作"辞旧迎新"。谁家在鸡叫头一遍的时间接了新水，他家在这一年的生活就会幸福安康。这一习俗至今仍在沿袭。拉祜族有着强烈的树神意识，认为树神是山神的最大管家，是水神的保护神，因此，对树神极为敬重。在拉祜族地区，差不多每一个村寨周围都有一片茂密的森林，村民在其中确定一至两棵高大笔直的树为"树神"。拉祜族人神话土地、崇拜土地，每当动土播种之前，都要举行各种仪式来祭土地，以求神灵保佑，获得好收成。拉祜族的许多神话、传说告诉人们，人类繁衍生息与动物、植物有密切关系。动物、植物不仅给拉祜族先民提供了主要的生活资料和部分的生产资料，而且还是其生存下来的庇护者。在拉祜族人看来，小米雀和老鼠啄开了孕育人类的葫芦，是蜂促成了人类的始祖扎多、娜多兄妹的婚配，是猪、牛、羊、鸡、马、豹子、猴子、蛇等动物抚育了第一代人类，是蜂群指引人类找到了铁矿，是松鼠抢来火种交给人类，是鸟为人类分配住所，是老鼠启发人类建盖新房，是狗为人类带来了谷种，是鹌鹑教会了人们跳舞……在拉祜族人的传统思维意识中，人类每前进一步都得到了动物的帮助和启迪。许多动物，甚至是像老虎、老鹰这样凶猛的动物，都曾帮助过人类，都是人类的朋友。这在"龙生虎养鹰遮阴"的传说中已经充分体现出来。拉祜族与动植物的亲密感以及由此产生的感恩意识，使其形成了一系列特殊的动植物图腾及禁忌，如忌食牛肉、狗肉，在新米节等节日中，在祭献"厄莎"、佛祖和祖先神灵后，需给牛、狗吃节日食品，表示对牛、狗的感谢。拉祜族不仅在神话、传说中反映出人与自然和谐共生的思想意识，而且在现实生活中也重视人与自然和谐相处。拉祜族村寨居民认识到不能破坏神山林、坟山林、水源林，有保养生态环境的意识。凡是村寨的神山、神林都禁止任何人随意砍伐树木或割草，即使是干枯的树、草也不得捡回家。这种习惯，代代保持。对坟山的一草一木，任何人都不得砍割。保护水源林，主要是为了保护饮水源，没有森林植被，就会水土流失，水源枯竭，饮水便成了问题。因此，对水源林谁也不会去砍伐。拉祜族人长期盛行"刀耕火种"的生产方式，实行土地轮歇制度，一般将土地分为若干片，逐年开辟新的轮歇地，每片地闲置几年甚至十几年。闲置期的土地经过几年的恢复，又基本类似于自然林，土地不退化使拉祜族地区始终保持着较好的生态环境。

苦聪人生态意识

生态环境是人类赖以生存的空间。在人类形成发展的漫长过程中，人类直接从生态环境中获取生存的物资，从而创造出灿烂多彩的文化。在拉祜族民族文化的探讨中，生态资源利用在文化的形成中有着长远的实践意义。

首先，我们从苦聪人口传的故事去发现他们生存史中反映出来的生态意识。《传人种》故事记载：洪水时期，世人都被洪水淹死，只有躲在葫芦里的两兄妹生存下来，他们按天神的旨意成婚并繁衍后代，妹妹怀孕三年生下了一个肉坨坨，按照天神的指点，他们将肉坨坨捏碎撒在山上，从此满山都是人群、鲜花、树木、青草，还有各种飞禽走兽，他们在天神的帮助下为动植物取了名字，为了方便人们掌握劳作和休息时间，他们还化作了日月，给人们带来光明。从故事中我们看到人类的生存与生态环境的密切关系，葫芦保护了人种而人创造了自然万物，人类与万物是相互依存的。采集是苦聪人经济生活中重要的一种来源，是他们长期的生存手段。为了便于采集，人们外出或生产中，都习惯背着背袋，见到可以食用的野菜就随手采集，放在背袋中，晚间回到家中汇集在一起就是一天的副食品了。他们采集的品种很多，主要有根茎类、菌类、叶类、花类和果实类。除了采集食物以外，苦聪人在长期的采集生活中积累了丰富的采药经验，懂得一些植物的药用价值和药物作用。

《云南通志》载："苦聪，爨蛮之别种，今临安、元江、镇沅、普洱四府有此种。居傍山崖，男子椎鬈，以蓝布裹头，着麻布短衣，跣足，挟刀弩猎兽为食。妇女短衣长裙，常负竹笼入山采药。山宜禾稻，岁输粮赋。"此外，苦聪人还常常到田里寻找螺蛳或到河谷边寻找知了（蝉），到山林中采摘野蜂蜜和野蜂蛹。《景东府志》卷三中记载：

"小古宗，织麻布，以叶构棚，无定居，略种杂粮，取山芋野菜为食，性喜猎，嗜酒，丧葬掩埋，不知祭祀。"崇尚自然、敬畏自然但又敢于反抗自然，是从苦聪人传统宗教生活中反映出来的特征。

　　房屋的建筑、姓名称谓、婚俗和传统节日，都反映了苦聪人与生态的密切联系和依赖生态、利用生态的传统。苦聪人的婚俗中也有浓郁的生态意识，苦聪人的婚礼要经过送礼、搭棚、装箱、接亲、送亲、退喜神、拆棚等过程。苦聪人的彩礼不重，主要是给女方家送点婚礼时用的肉、酒和米等。青棚是用树枝绿叶在家前院临时搭建的简易棚子，也叫"亲棚"，供接待客人用，方便、实用又有特色，新鲜的树枝还带着芳香，给婚礼增添了新意。婚礼中在正堂屋中要敬献甘蔗、红糖、盐巴、松明、蒜苗等物品。甘蔗代表爱情甜蜜，红糖代表生活幸福，盐巴代表男女双方有缘分、感情好，松明代表心胸宽广、正直、光明，蒜苗代表后代聪明伶俐。从这些象征物中我们可以看到苦聪人对生活的热爱。苦聪人的节日和祭祀是紧密相连的，主要节日有春节、六月节、祭竜节、二月八节、清明节、端午节、新米节、火把节、黄瓜节、太阳节、月亮节等。从节日的名称我们可以看出节日与季节和自然都有着密切的关系。在这些节日里，苦聪人都要举行隆重的祭祀活动，祭祖先和神灵以求二者保佑家族、村寨的平安，祈求风调雨顺、五谷丰登、六畜兴旺、人丁安康，祭祀中不仅表现对神灵的敬畏，更多的是对自然的敬畏。一直以来，人们都把苦聪人生活的地区看作是落后的、原始的，可是在生产力水平低下的时代，苦聪人凭借聪明的才智在崇山峻岭中生存，他们充分利用身边的生态资源，创造着自己独特的文化，有着优美神奇的神话故事和质朴的诗歌，用轻松的语言阐释着自己对自然的理解，经历千年而生存下来，不能不说是一个奇迹。从苦聪人的传统生活中发掘其生态利用的历史，让我们更深刻地领会到人类的生存对生态的依赖，人类只有保护好自然和合理利用自然，才能更好地走向未来的道路。

第三章 民族风情

拉祜族"扩"节

"扩"是拉祜语的译音，意思是年、节、岁、轮回、复归。它是拉祜族岁时节日中最受重视、规模最大、内容最丰富、时间最长、影响最大、地域最广的节日，类似于汉族的春节。除夕叫"扩必"，即旧年；大年初一叫"扩式"，即新年。"扩"又分为大年和小年，大年叫"扩妈""雅米扩"，即母年、女人年；小年叫"扩八""贺卡扩"，即公年、男人年。传说拉祜年在开始的时候，没有大年小年之分，有一年由于男人们外出打仗（又说是外出打猎），没有赶上过年，当他们胜利归来时年已经过了两天，为了给男人们补过年，又重新再过一个年，从此，"扩"就分为"扩妈"和"扩八"一直流传了下来。

由于历史、社会与自然等多种原因，分布于各地的拉祜族过"扩"的时间无法用文字统一在某一天，大多与邻近地区的拉祜族相统一或参照农历的春节进行，有时还会因战争或自然灾害推迟或取消。"扩"举行时间的长短也因情况不同而不同，有的才几天，有的也会达10多天乃至20天以上。

"扩"的准备时间较长，一般来说从秋收以

欢度"扩节"（魏宇亮　摄）

后就开始了，除安排田地里的农活外，节日所需的物品都必须准备妥当。香和蜡是拉祜族节日生活中不可少的物品。

拉祜族把香、蜡视为吉祥物，认为在对神灵的祭祀过程中香火和蜡光能使人神相通，能取悦神灵，在"扩"期间需要大量的香、蜡，并且要求在"扩必"之前准备就绪，公用部分自觉地交给"卡些"统一使用。"扩必"当天，还要制作"扩"的象征物——"扩党"，即"朱结"。

"扩式"早晨雄鸡刚叫，各家各户的青年男女就点起火把，背起竹筒、葫芦等到水源地去抢"新水"，认为"新水"是吉祥的象征，谁先抢到谁就会得到幸福，谁家就会获得丰收。所以人们把抢到的新水送给村里最年长的老人，老人则拿舂好的粑粑给送新水的年轻人，还要为年轻人拴福线，祝年轻人幸福吉祥。抢来的新水除用来替换供奉在家里的神水外，还加热为老年人洗脸、洗手，或煮糯米舂粑粑。

"扩式"早晨太阳升起时，村寨头人带领男

女老少到"塔国"迎年神（每一个村寨都有一个固定的迎年神地点）。迎年神队伍到达"塔国"后，把手提的"朱结""哈结""罗波结"等置于代表生殖神的木桩下，燃起香烛，进行祭仪，然后围着神桩跳几圈芦笙舞，向神桩祭献糯米粑粑，当仪式结束以后，把糯米粑粑带回家中，放在装有种子的箩筐里，将"朱结""哈结""罗波结"带回去安置于佛寺内，意为年神已经请回，让年神住在佛寺里与人共同欢度"扩"。迎年神仪式结束以后，要栽种"桐结"，一棵栽在寺庙前，另外两棵栽在寨内广场两侧。

象征"扩"开始的最后一项仪式是"扩哈"，"卡些"率领芦笙队、摆舞队和锣鼓手等到"召八"家，"卡些"在"召八"家神桌前烧香点蜡，众人起舞，"召八"在旁边祈求年神在节日期间保佑村寨平安，万事如意，然后给每一个人拴一根"波扎"（白棉线），象征吉祥如意，幸福平安。"召八"带领队伍到寨内广场，然后在年桩、寨桩下烧香点蜡，各家各户把带来的糯米粑粑、香、蜡等祭品交给长老祭献年桩和寨桩。尔后"卡些"等长老手执精制的小篾箩，里面插着谷花，装着糯米粑粑、米花、香、蜡等，老年妇女手提"罗波结"，背着装有米花的背袋。长老们围着年桩和寨桩按逆时针方向缓慢旋转，不时地向年桩和寨桩叩头、撒米花，外围的男女老少随之起舞，一年一度的"扩"正式开始，人们沉浸在欢快的节日气氛之中。下午，各家各户带上篾饭桌、碗筷和丰盛的饭菜，在年桩和寨桩的南西北三个方向吃团圆饭。

"扩式"不串亲戚，只在本寨内跳芦笙舞，初二开始，上门的儿子或出嫁的女儿带着自己的妻子或丈夫及子女背着"扩礼"回家给父母拜年。晚辈必须亲自取水热好后，恭恭敬敬地端到老人面前，请老人洗手，老人一边洗手一边为晚辈祝福，并用事先准备好的福线拴在晚辈们的手上。

"扩"期间，村寨与村寨之间常举行"扩扎扩碑"，就是相互邀请过年。凡是有条件的地方，都会邀请邻近的村寨到自己村寨来过年，应邀者也必须回请邀请者。邀请的方法是用纸包一定数量的蜡条和香（年礼）送到要邀请的寨子的"卡些卡列"家，"卡些卡列"收到礼物后，召集全寨老小进行商议，如果同意接受邀请就向对方回年礼，邀请者知道情况后就返回自己的村寨报告"卡些卡列"，做好迎接客人的准备。

"扩"期间，拉祜族村寨都跳传统的芦笙舞、摆舞等，其舞蹈模拟生产、生活中的各种动作，节奏稳健，步伐欢快，主要以步伐表现为主，其内容丰富，有130多个民间组合套路。另外，每逢"扩"，拉祜族都要举行陀螺比赛，比赛双方的人数少则几人，多则几十人，分为支方和打方。比赛者每人一个陀螺，一根一米多长的木棍上系一段麻线，用线缠绕陀螺，支方抛出陀螺时用力一甩木棍，陀螺就在地上高速旋转，打方用力将自己手中缠绕着线的陀螺击向对方支在地上的陀螺，如未击中，则视打方为败，如果击中，则看谁的陀螺转的时间长，长者为胜，胜者成为打方。

狩猎在古代拉祜族社会生活中具有重要的地位，它是获取生活资料的主要方式之一，长期的狩猎生活，使拉祜族形成了一整套出猎礼仪，并成为"扩"期间重要活动之一。初五，全寨男子要带上各自的猎具共同到寨外举行祭猎神仪式，即选一棵大树，把树皮剥开，在上面画上各种飞禽走兽，然后把各自的手镯放在树下，点起香蜡，在树旁不远的地方向树上的画像射击，据说射击到什么画像，围猎时就会猎到什么。次日，人们就开始上山打猎。

"扩路"结束时，"卡些""召八"先在年桩和寨桩前烧香、点腊、叩头后，把献在桩上的粑粑取下来，分给各家各户，每户至少要有一对，各家把粑粑拿回去放在自家的谷种上面，据说献过年桩的粑粑能为庄稼带来好收成。

拉祜族火把节

拉祜族火把节，每年农历六月二十四，拉祜族群众要举行隆重的仪式，关于火把节的来历，在拉祜族民间流传着这样一个美丽的传说：天神"厄莎"创造人类之后，每到粮食作物成熟时他就向人类索取贡品，拉祜族的英雄扎努扎别对他这种不劳而获而又贪得无厌的行为深为不满，处处进行反抗和抵制，带领人们进行斗争，不向"厄莎"纳贡，并说："不劳动的不给吃"。"厄莎"听后很气愤，把太阳和月亮藏起来了七天七夜，人们无法生产劳动，庄稼也不会生长，扎努扎别就将松明绑在水牛角上，将蜡烛粘在黄牛角上犁田种地，庄稼长得很好，战胜了"厄莎"的诡计，但是"厄莎"不甘心失败，设毒计把扎努扎别害死了。为了纪念自己的英雄，每年六月二十四日这天，拉祜族群众立起火把表示纪念，于是有了火把节。

过火把节时，家家都要杀鸡祭祖宗、祭神灵。夜幕降临，户户都要在竹竿顶端扎上松明火把并高高立起，使它的光明照亮庄稼和果木，青年们用松树干枯粉末在火把上相互投撒嬉戏，家长们点着火把在室内抛撒，然后到庄稼地里和果树旁抛撒，说些吉祥的话，祝愿庄稼成长得更好。

拉祜族新米节

拉祜族的新米节又叫尝新节，拉祜语称"扎西长"，是拉祜族的传统节日之一。由于山川阻隔，各地自然环境有别，拉祜族的新米节没有统一的时间。一般在每年农历的七八月间，当谷物成熟时，谁家谷子先熟，就标志着新米节的到来。新米节的前一天，要到田里收一些成熟谷子回来用火烤干，舂成米。新米节这天，全寨停止生产、杀猪、杀鸡、烤酒，新米饭煮熟后，要先盛一碗新米饭，点上香、蜡祭献天神"厄莎"和祖先神灵，而后给牛、狗吃节日食品，并在犁、耙等农具上贴上一点新米饭，以感谢"厄莎"、祖先神灵保佑粮食获得丰收以及牲畜农具为粮食丰收立下了功劳。在新米节期间，晚辈要带上新米、肉类、新鲜瓜果给长辈拜年，从父母寨分出去的儿女寨，要备足给父母寨头人"卡些卡列"的年礼，前往父母寨拜年。儿女寨的人们返回时，父母寨的"卡些卡列"要回给儿女寨同样的年礼，并为儿女们拴福线，表示对儿女寨的祝福，希望儿女寨世世代代繁荣昌盛。

拉祜族月圆节

拉祜族月圆节，也就是中秋节。农历八月十五日拉祜族要过月圆节，当明月升起，家家户户都在门前摆设桌子，盛放着新成熟的谷物和瓜果献祭月亮。拉祜族认为，是有了月亮的圆缺，人们才能分明季节，才能找出生产劳动的节令，所以，在农作物成熟后的第一个月圆时，人们要先献祭月亮，表示对月亮的崇敬。献祭月亮后要献祭山神，人们在供奉山神处摆上桌子，供上祭品，围着桌子吹笙起舞，表示对生活的赞美，庆祝丰收。

国家级非物质文化遗产保护项目
——拉祜族葫芦节

拉祜族葫芦节在每年农历十月十五举行，拉祜语称为"阿朋阿龙尼"。每年这天，拉祜族人穿着漂亮的民族服饰，带着自酿的美酒、糯米做的粑粑以及猪肉、鸡肉等，集中在每个村子的广场上，载歌载舞，开始一年一度的庆祝活动。

　　拉祜族后生、老人们吹着芦笙，姑娘们跳着欢快的集体舞，舞蹈尽情地表现着四季的农业活动。人们从最开始的犁地、撒种开始，一直跳到最后的丰收，感谢上天赐予的阳光和雨水，感谢风调雨顺、无病无灾的美好年景。入夜，燃起篝火，伴随着悠扬的音乐，老人们开始讲述自己一生的遭遇，从母亲辛苦的生育、自己艰难的成长历程、成亲、离开父母、养育自己的子女到青春不再、

葫芦欢歌（谭春　摄）

满目沧桑。一个个哀怨、凄美的故事随着老人的歌声，在月色中缓缓道出，在这如水的月色之下聆听着这嘶哑的声音，火光跳跃，木鼓声声，仿佛生命之河正在身边慢慢流走，而那一去不回的青春年华，也好像又开始在这月色下流淌、环绕。

就这样，在以后的三天三夜中，拉祜族人不停地跳着、唱着。渴了，停下来喝口米酒；饿了，吃一口粑粑，再接着跳、接着唱；累了、困了就休息一下，别的人再继续，用他们或悠扬、或嘶哑的声音歌唱着生命的欢乐与哀愁，用他们或年轻、或衰老的身体表达着对"葫芦"这种带给他们生命圣灵的尊崇。

拉祜族畲葩节

在哀牢山一带居住的拉祜族支系苦聪人每年农历二月初八都要隆重举行畲葩节。在苦聪人的传说中，人类和世间万物都是天神"厄莎"下凡造就的。传说"厄莎"从天宫选来一棵树栽在凡间，过了九十九年还长不出树叶来，树上只有一些藤条缠绕着，但是藤条上却长出了一个大葫芦。"厄莎"感到很惊奇。一天早上，"厄莎"用自己的洗脸水浇在那棵大树根上，突然间一阵大风刮起，昏天暗地，下起大雨，整个凡间一片汪洋大海，藤条和葫芦缠着那棵大树随水漂起。不知过了多少年后，洪水退落了，藤条和葫芦缠着的那棵大树又落在地上。当"厄莎"用水去浇那棵大树时，听到葫芦里传出声音来，"厄莎"想打开葫芦看一看，那棵大树突然断了枝，而树枝摔在地上变成一只大老鼠，跑到葫芦下面将葫芦咬破，葫芦里钻出两兄妹来，男的叫扎迪，女的叫娜迪，从此凡间才有了人类。因为有了大树、葫芦和老鼠，凡间才有葫芦两兄妹，也才有今天的苦聪人。为了纪念造就苦聪人的天神"厄莎"，他们将每年农历二月初八确定为纪念日，即畲菇节。"畲菇"，汉语称之为"祭竜"，其意是万物更新换新年，预示着万物更新，一切从头开始。畲菇节是苦聪人群众性的祭祀文化活动。每年农历二月初八这天，除本寨人外，还有从四面八方来的客人，大家汇集在寨子旁的大树下举行节日活动，整个苦聪山寨充满着节日的气氛。苦聪人过畲葩节，每户至少要1个人参加，各带1只鸡、1碗米和一些白酒。节日仪式由"竜头"主持，祈求全寨人在新的一年里风调雨顺、五谷丰登、六畜兴旺，然后大家煮鸡肉稀饭共吃一餐，吃不完的肉，各分一点，带给家里人享用。

拉祜族居住方式

拉祜族村寨多数建在山头上，山头上有干燥、通风、日照长、蚊蝇少、疾病不易蔓延等优点。20世纪50年代以前，为了防范外族侵扰，寨子周围种有刺藤和竹棚，围有篱笆，在要道上设有陷阱和毒竹签。每年全寨人要参加一次维修防御设施的活动。

拉祜族村寨以建寨时的首领名字命名，凡用女性名字命名的寨子，建寨时间就更长一些。此外，也有用周围地物命名的，例如：石头寨、水井寨等。

拉祜族传统房屋建筑形式是竹木结构的木桩斜顶楼房,有方形及椭圆形两种。房屋大小不一,陈设简单,起居饮食都在一处。依火塘而眠,许多贫苦农民无被盖,垫竹篾,盖蓑衣,烧火取暖。

拉祜族建盖房屋要择吉日,备好料后,建盖时全寨人都来协作,当日建成。住房建成后由家长择定火塘位置,举行进新房仪式,当日杀猪或杀鸡招待来帮忙的人。

与汉族、彝族杂居或毗邻而居的拉祜族,通常采用土掌房或竹木结构的低矮草房,建于向阳的平坡上,贫户一般不开窗、不分间,一家数代分床同宿,床临火塘四周,以便夜寒取暖,居室十分简易。此外,在澜沧县原糯福区一带,民主改革前尚保留着大家庭公社集体居住的大房子。

大房子为竹木结构木桩的双斜面长形草房,一般长18—20米,宽8—14米,内分成若干间,供各个个体家庭居住,多达130余人,居室外设有各户火塘。此种大房子,大多于20世纪40年代末50年代初随着家庭公社的解体而消失。

拉祜语中的"底页",意为一个大家,实际上是一个以血缘关系为纽带组成的共同生产劳动、共同消费的大家庭公社。大房子,便是大家庭公社成员共同居住的住房。

在中华人民共和国成立之时,西双版纳州拉祜族的拉祜纳支系,还普遍保留着拉祜语称为"底页"的大家庭公社。拉祜纳聚居的自然村内的住房,多是占地近百平方米的大长房。

拉祜族大家庭公社成员共居的大房子,是一楼一底的干栏式竹楼,以栗木为柱,圆木为房梁,苦竹做椽,茅草盖顶,竹笆隔墙。大房子呈长方形,高七八米,面积几十平方米或百余平方米不等。大房子的楼室距地约1.5米,四周围有栅栏,用于关猪、鸡,堆杂物、柴火。

拉祜族楼门有开在长房两端的,有开在长房向阳一侧正中间的,门前搭架着可供两人并排上下的宽木梯。楼室内不开窗户,有的是中间设一条走廊,两侧是用竹篱隔成小间的居室,居室门口是火塘;有的大房的楼室分为左右两半,一侧是居室，一侧是火塘。大房子的两端各搭有一个宽大的阳台。大房子内的居室按对偶小家庭"底谷"分配，一个一夫一妻小家庭居住一间，占有一个木筐中填土铺成的火塘，火塘上安有三块锅桩石，摆有一只土锅（砂锅）。每个称为"底谷"的小家庭，都自己生火做饭，自己用餐。

拉祜族大房子附近或村寨边缘，建有一供"底页"大家庭共用的仓库，装有共同劳动收获的粮食。仓内粮食，有按户分格保管的，有不分格保管由家族长"页协帕"按需要分配的。另有收入的小家庭，往往还另建有自己的小仓库。这种大家庭成员共同居住的大房子，主要供家族成员农闲时或举行节庆活动时居住。从事生产活动的时候，各个"底谷"小家庭便分散居住在自己负责耕种的田地边，大家庭成员时聚时散，其住房也分为大家共居的大房和各户分居的地棚，形成了一种特殊的居住习惯。

拉祜族的住房，还有一种占地仅几十平方米的干栏式小楼，楼的形状有方形的、有圆形的。

楼上住人，楼下堆杂物，登楼之梯仅是一根独木或两根捆在一起的圆木。这种独屋，是已无其他家族成员的个体家庭的居室。

拉祜族干栏式建筑（李凡　摄）

20世纪70年代以来，随着历史的发展，社会的进步，拉祜族的"底页"逐渐解体，"底页"成员共居的大房也随之消失。个体家庭居住的草顶竹楼已成为人们居室的主要形式。

拉祜族服饰特点

拉祜族喜欢黑色，认为黑色有保暖御寒和耐

污的优点，制作黑色服饰较容易。20世纪50年代后，随着国家纺织工业的发展，纺织品价廉物美，许多拉祜族青少年改穿机织细布衣服，只有老年人仍喜欢穿黑色土布衣服，传统的纺织技术濒临失传。

拉祜族妇女服饰大体保留了传统的制作式样，也有部分地区受邻近其他民族的影响而有所改变，如澜沧东回乡和景谷威远镇、永平镇的拉祜族，有效仿傣族服饰的趋势。传统的服饰特点是上衣右开襟，长可掩膝，在两侧腰部处开衩口，以便于行走。衣服肩部缝有较规则的菱形图案，手臂部位的衣袖上有三道醒目的红色花纹，传说它是为了纪念历史上三次大规模战争中死去的人们，为了不忘记历史的教训而缝制的。衣襟沿边上缝有犬齿形的规则花纹，以此表示吉祥。衣领和肩部钉有银泡，凸显衣着的华贵。妇女裤子也有花纹，多数人在裤脚边上绣有葵花，意为多籽（子）多福。女性头饰有耳环、项圈和彩色头巾，婚后剪去长发，常年包着头巾。

拉祜族男子服装比较简单，多数男子穿无领对襟短衣，内穿浅色衬衫，认为这种装束像吉祥的喜鹊一样漂亮。男裤比较肥大，便于下地干活。

节日期间，拉祜族男女老少都要穿上最鲜艳的衣服，男子还要把最珍爱的彩包挎在肩上，以此显示妻子或女友的精湛手艺。

拉祜族传统习尚

拉祜族拴吉祥红线，这是长辈对晚辈的一种祝福，儿女们要外出，出发之前老人要为之拴红

拴线祈福（苏锟　摄）

线，祝福他们在路上没有灾难，平安健康。儿女们从外地归来，老人也要拴红线表示祝贺。家中有人当了英雄或是头人，老人也要为之拴红线表示祝贺和鼓励。逢年过节，子孙后辈给长辈拜年，长辈也要给晚辈拴红线作为回报。红线由红、白、黑三色，各四根线组成，它象征一年十二个月。拴红线的仪式是在篾桌上放一碗清水，用筷子把水搅动，同时把红线头放在碗里随水转动，长辈们坐在桌旁旁观，待水停止转动后，红线头对着谁，就由谁来给晚辈拴红线。拴红线时，长辈念祝词："金线、银线比不上拴吉祥红线，拉祜的吉祥红线能把希望拴在心上，能把幸福拴在心上，能把吉祥拴在心上。"

拉祜族团结互助，同甘共苦。在长期与自然灾害的搏斗中，拉祜族人养成了团结互助、同甘共苦的风格，一家建盖房屋，全寨人都来合力相助，当日定要把房屋建成。遇到各种灾害，相互救援，责无旁贷。不论是谁猎获野兽或杀猪宰牛，寨人共享，吃完为止。粮荒季节相互接济或缺粮食者到有粮食的人家用餐，均被认为是正常的事。遇到外侮，寨人要合力抵御，决不推诿，临阵脱逃者会被众人耻笑，终身无脸见人。

拉祜族尊老爱幼，认为长辈是寨子里懂的道理最多的人，太阳和月亮是他们先看见的，粮食与棉花是他们先栽出来的，山上的野果是他们先品尝过的，他们应当受到晚辈的尊重。路遇长者要主动让路，年轻人应站在路的下方。见老人到家里做客，要把凳子让给老人坐，要让老人坐在接近火塘更暖和的地方，吃饭喝酒要先敬给老人等。孩子是民族的未来，在拉祜族群体中，不论男孩女孩都受到保护，打骂孩子、歧视孩子的人会受到社会的谴责。在拉祜族社会，有生理缺陷的孩子或非婚生子都受到爱护。

拉祜族为人诚实、坦率、公道、谦让、和蔼，厌恶那些虚情假意的骗人行为，处理事情讲求公正合理的人在寨内有威信，受到寨人的尊敬。在相互交往中，不恶语伤人，不记冤仇，难辨是非的事也不大吵大闹，能够相互谦让。

拉祜族传统饮食

拉祜族在长期的发展过程中，形成了自己独具特色的饮食文化。

拉祜族过去有日食两餐的习惯，主食是当地生产的大米和苞谷。喜用鸡肉或其他配料加大米或苞谷做成稀饭，有瓜菜、菌子、血、肉等各种稀饭，其中以鸡肉稀饭为上品。拉祜族喜欢烤肉吃，先把肉抹上盐、香料，然后拴在两根大棍中间，放在火塘边慢慢烘烤，烤出香味即可食，鲜美可口。若是烤鸡，就把鸡骨头也烤酥烤脆，吃起来别有风味。

拉祜族善于腌制食品，腌豆豉、腌卤腐、腌酸笋、腌酸菜，都是拉祜族人民喜爱的食品。风味食品有灌肠和猪骨头生。灌肠是在猪小肠内装入豆腐，撒上草果粉、辣子面、八角、盐巴等作料，把小肠口扎起来，挂在竹竿上，放到火塘边用火烟熏干，储存起来慢慢吃。猪骨头生是把猪脊骨剁碎，放上盐、辣椒、草果、八角等作料，装入土罐内，腌至数月即可吃，又香又辣，味美可口。苦聪人的松鼠干巴，是待客最好的佳肴野味。

　　拉祜族食具有铁锅、土锅、自制木碗、竹碗、木甑、木桶、勺等。有些地方的拉祜族，把一个葫芦剖成两半，一半做饭碗，一半做菜碗。

　　拉祜族男女均嗜饮酒，并有在酒和肉上不分彼此的习惯。婚丧嫁娶、节日庆典都离不开酒。拉祜族喜欢喝浓茶，多饮烤茶，先把茶叶放入陶制小茶罐内，放在火塘上烤至茶叶发出焦味，再

拉祜烤肉（自培平　摄）

倒入开水稍煮即饮，茶味浓郁。

居住在哀牢山原始森林中的拉祜族苦聪人，大多没有锅和甑子，一般都用薄竹筒煮饭煮菜。把舂好的玉米面或大米放入薄竹筒内，加水后，用树叶把筒口塞紧，再把一段段竹筒放在火上烧，熟后，破开竹筒即可食用。菜、肉也用竹筒烧煮，但不再加水。

国家级非物质文化遗产保护项目
——拉祜族葫芦笙制作工艺

拉祜族葫芦笙制作工艺在拉祜族聚居区十分普遍。普洱市澜沧拉祜族自治县木嘎乡南六村南嘎河寨是葫芦笙制作技艺水平较高的一个拉祜族村寨。拉祜族的日常生活、生产劳动、逢年过节、红白喜事等都离不开葫芦笙。南嘎河村拉祜族的葫芦笙制作较精细，主要工具为六七种大小不同的刻刀，原料包括坚竹、泡竹、空心竹、葫芦、酸蜂蜡和铅等。制作工艺十分精细考究，对音管和葫芦的选择都非常认真。制作过程主要有摘葫芦、修葫芦（修整外形和掏孔）、截竹管、安装簧片、粘管、调音等六道工序，其中以调音最为关键，一定要反复多次调试，才能保证音准，这道工序非师傅不能为之。葫芦笙有大有小，有长有短，不同的葫芦笙发出的声音高低不同。小的葫芦笙如鸡蛋大小，大的可达到1米以上。葫芦笙是拉祜族的吉祥物，也是他们悠久历史和灿烂文化的重要见证，对维系民族团结、增强民族向心力和凝聚力起到积极作用。制作葫芦笙在当地属于劳动量较小的手工艺，一般拉祜族男子在十五六岁就开始学习制作，此后一生都可制作。南嘎河寨的成年男子大多会制作葫芦笙，师承关系以家庭为单位，传男不传女，代代相传。南嘎河寨葫芦笙簧片制作精细，声音响亮，音调准确，加上价格便宜，非常受欢迎。制作和销售葫芦笙已经成为南嘎河村重要的家庭手工业和经济增收的主要来源，学做葫芦笙的村民也越来越多。

国家级非物质文化遗产保护项目
——拉祜族竹编工艺

拉祜族竹编工艺主要流传于云南省普洱市澜沧拉祜族自治县的多个拉祜族村寨，其中，澜沧县富邦乡赛罕村的竹编工艺尤其出名。该工艺历史悠久、技艺精湛，历经千百年，世代相传。竹编工艺作为拉祜族的传统手工技艺，其究竟始于何时，尚无史料可查，但可以从有关拉祜族史资料中推断出其历史悠久。《云南通志》卷二四载："黑铺（指拉祜族）……性巧慧，盖作宫室，编竹为器，一切床几桌凳极精巧，汉人没有能及。"又："黑铺，所居多在威远（景谷）普洱（宁洱）之间……多作竹器，入市交易。"《拉祜族社会历史调查（二）》一书第109页上也记载："竹编是郭周人（拉祜西）家庭的手工业，主要编织各种竹编具，包括背箩、背包、背篓、雨帽、席垫、饭桌、饭盒、簸箕、箱子、簸凳等20多种。"簸桌、簸箕、饭盒编得密实，有"滴水不漏"的传说，深受当地各族人民的喜爱。另外，拉祜族史的一些记录也反映出竹编在其民族历史发展中的重要作用。大约 850 年至 1270 年，拉祜族兄妹部落两路迁徙时期，发生了"弩销、梭头事件"（也称"号之战"），人们利用背箩、响篾、口弦等竹编器具，终于解围。因而，在拉祜族人的心目中，竹编器具既可以作为防身武器，又是日常生活中必不可缺的用具。拉祜族竹编工艺具有悠久的历史，由于早期生产工具简陋、生产工艺

拉祜竹编（李剑锋 摄）

落后等原因，竹编制品种类单一。在后来长期的生产实践中，经过无数代人的艰辛磨砺，竹编制品随生产手工技艺提高而不断改进，形成了独特的风格。

拉祜族挂包纺织工艺

拉祜族挂包一般分男式和女式两种，男式挂包较大，图案和女式挂包相比较简单；女式挂包不仅精致小巧，还有实用价值，女人们出门会把常用的一些小物品放在挂包里，方便携带。挂包用彩色的线织成，先用织布机（手工操作）把线织成布，再把布缝制成漂亮的挂包。拉祜族妇女一般都会制作挂包，男人们背着自己的女人制作的挂包，心里也有一种骄傲感。拉祜族男女都喜欢随身背着挂包，既美观又实用。

拉祜族寨神

拉祜族寨神是主宰全寨人的神，地位低于主神"厄莎"。寨神供在村寨的后方，一般村寨都盖有房

祭寨神（谭建国　摄）

子来供奉它，拉祜族称之为"母耶"（意为跳舞的地方）。农历正月初二，全寨人汇集在寨神处跳芦笙舞，舞场中央放有桌子，桌子上放一筐稻谷，旁边点着蜡烛，烧着香，摆有茶水和清酒，人们边喝边跳，尽情地欢乐。跳舞结束后每户人家要分一点跳舞场中的稻谷拿去放在自己家收藏的种子上，以表示吉祥，祈求寨神保佑庄稼长得好，年年获得丰收。

拉祜族家神

拉祜族的家神是各家各户的保护神，拉祜族

话称之为"香都格",多数人家都把它供奉在中堂上,遇到不愉快的事或预感不好的事情要发生时,为了防止不测,要烧几根香到神前祈求,祈求家神护佑。

拉祜族对汉传佛教的信仰

明末清初,拉祜族的社会经济从游耕经济向农耕经济转变,他们陆续在澜沧江中下游两岸的山区定居下来,社会形态开始发生变化,人们的思想观念也发生了大的转变。

清朝前期,统治阶级和各民族人民之间的矛盾日益尖锐。南明永历皇帝的遗臣杨德渊及其徒弟铜金和尚(后更名为张辅国)以及铜金和尚的徒弟张秉权、张登发相继以传播佛教为掩护,在景谷、镇沅、普洱、澜沧、孟连以及临沧地区的双江、耿马等地的拉祜族中组织反清斗争,并结合当时拉祜族社会的发展特点建立了一套政教合一的"卡些"制度,先后在双江、耿马一带建立了4个佛教基地,在澜沧县境内建立了5个佛教中心，即安康的南栅佛寺、东河的王佛爷佛寺、文东的蛮大佛寺、竹塘的东主佛寺、拉巴的广明佛寺。

1872 年前后，拉祜族起义斗争屡遭挫折，"卡些"制度已失去效力，广明佛寺的阿霞佛祖为了佛教得以流传，带领部分拉祜族和一些其他民族成员，以武力和传教相结合的办法，把佛教传到西盟佤族聚居地区。1874 年，他在今西盟县城后的山头上建立了佛坛，史称"勐卡佛"。由于这个佛坛是拉祜族、佤族和汉族共同创立共同信奉的，所以它的创建人阿霞佛祖被人们称为"三佛祖"。

双江、耿马地区的四个佛教基地各以一尊佛像为真传，故被称为"四佛四尊"。澜沧地区的五佛寺各以一部佛经为真传，故被称为"五佛五经"。

在佛教传播地区，每户人家每年要捐给佛寺稻谷一筐（约 15 市斤）、一些钱币，没有钱币者为佛寺担一至二担柴火。

佛祖于中心佛寺主管佛教事务和各村寨的"卡些"。佛祖每年召开三次大型会议，即正月初九、四月十五、八月十五，每次开两天，届时各寨"卡些"和信教群众都汇集到佛寺里，佛祖帮助各村寨"卡些"调停内部事务和相互间的矛盾纠纷，传授给"卡些"生产生活的知识和经验。

头人们开会时，群众在佛寺的周围打扫卫生、搬运柴火、磨豆腐等，会议结束后共同进素食，饭后吹笙跳舞直到第二天日出才散，被称为"九皇会"。

除五个大的佛寺外，各村寨都设有一个专管佛教事务的人，每月初一和十五他都要穿上素服，敲响铓锣，提醒人们斋戒，是日，全寨人吃素食。佛祖与和尚传播佛教教义多数是靠口头宣传的，只有少部分僧人懂得教经籍文字。传教手段是靠各寨"卡些"管好群众生产生活来引导群众信教。教义也不复杂，教徒能记住不偷盗、不淫乱、不吃牛肉和忍让谦和等少数几条即可。

在澜沧县一带传播的佛经已查明的有《药师琉璃光如来本愿功德经》，该书是1862年由佛祖徒弟手抄流传本，还有《金刚般若波罗蜜经》《地藏菩萨本愿经》等。这些佛经都是用棉纸抄写的，现已残缺不全。

拉祜族祭祀

在中华人民共和国成立前，由于社会发展不平衡，拉祜族地区科学技术发展十分落后，人们大多依赖于各种祭祀来祈求上天保佑人生平安、生产顺利等。在旧时，拉祜族的祭祀比较多。拉祜族在农业生产的每个季节都要进行祭祀活动，如冬季砍

"佛达通天"（李剑锋　摄）

"懒火地"时，先要在选好的地上插上一根树枝，点燃香火，用一碗米一杯酒祭神灵。祭词就说："我家里贫穷，生活困难，今年要开垦这片土地种粮食，祈求'厄莎'保佑，让我家种下去的种子少，得到的收成多。"隔七天的时间再去看看，如果小树枝没有倒掉，香火未燃烧尽，则认为是山神不许种这片土地，要另选一片。

拉祜族春耕播种结束后，要用一对蜡烛、几炷香和一束山花插在地的中央，四周用竹片围成一个圈子后祈祷说："我家已经种下了种子，求山神、土地神保佑禾苗出得整齐，长得茂盛，要长得好像山上的花一样好看，果实累累，不能让麻雀和老鼠损坏。"

禾苗出土后遇到雷击、泥石流或干旱，就要选择属马的日子杀一头小猪祭祀"田叶尼"（雷神），否则庄稼会长得不好。

火把节时，各家要献祭谷神，要给谷神叫魂，祈求庄稼长得更好。

谷穗出齐后，要用笋叶剪成多种图案插于地

的中间祭祀天神，祈求庄稼不要受到风灾、雨灾、冰雹的伤害。

禾苗遭到虫灾时，要请"摩巴"来念驱虫咒语，然后用几枝细小竹枝夹点棉花插在地的中间，"摩巴"念的咒语中说道："我们没有得罪你的地方，为什么要来蚕食我们的庄稼，我们祈求你到远方另找吃的去，不要把我们的庄稼咬坏。"念完后杀鸡献祭。全寨人送瘟神时，先是用泥土捏成各种家禽家畜的样子放在箩筐里，再放上用盐酸树做成的刀剑，趁着夜黑背到寨外，"摩巴"念咒语时说："寨人要赶你走，寨子要安宁，你到远方另找吃的东西，不要在寨子里打扰。"送瘟神出去的人不能说话，不能回头张望，送瘟神之日，寨人要把牲畜赶回寨子里关好，不能放在村外面过夜。

有人外出患了疾病，如肚子痛、发烧、头昏等，认为是得罪了"科尼"（山头鬼），要用一瓶酒、四炷香和一只鸡到寨外的路边上搭一间小楼房送鬼。

有人眼睛红肿，认为是犯了"哈巴尼"（月亮神），要用数片笋叶剪成月亮形状，再用灰粉画上图案，点上香火送到寨子的东方扔掉。

有人手脚浮肿，周身起水泡，认为是犯了"依戛尼"（水神小鬼），要在路边或是桥边上搭一个竹牌坊，上面挂上红、白、黄三种颜色的布带或丝绸，用酒、盐、炒米花做祭品，请"摩巴"念咒语送鬼。

有人砍树归来后患了疾病，认为是犯了山上的鬼，要用米、鸡和用泥巴捏成的小牛、小马做祭品，请"摩巴"来念咒语祭之。

夜间突然发病，认为是犯了"黑鬼"，要用米饭、酒、草烟和茶叶作为祭品，请"摩巴"念咒语后送到寨子外面祭之。

有人得了疾病久治不好，认为是犯了"房子鬼"，是在建盖房屋时，在山上割了不干净的草，或者是砍了不好的树做木材所致，要杀一只公鸡，炒一碗荞麦米花作为祭品，要送走"房子鬼"后病才会好。房子的主人，要在房屋的梁上、柱子和橡子等各个部位上取出一点用布包好，滴上酒后由"摩巴"送到房屋的后方念咒祭献。

以上各种祭祀，随着社会进步以及科学文化在拉祜族地区的广泛传播，也逐渐消失了，拉祜族人更多则是依靠先进的科学思想来解决生活中遇到的各种问题和困难。

第四章　拉祜族的新时代

走进拉祜山乡

拉祜族是典型的山地民族。

云南省的西南部，山岳连绵，森林茂密。在气象万千、资源富饶的山地里，居住着以勤劳勇敢著称的拉祜族。

拉祜族地区属亚热带山区。这里，夏无酷热，冬无严寒，常年葱绿。一年中，分雨季和旱季。雨季期间，雨水累月不断，或骤雨倾盆，或细雨连绵。旱季则很少降雨，但在深谷幽箐之间有充沛的灌溉水源。澜沧江东西两岸，是由山地和平坝组成的相互交错的山区和坝区。山区丛林密布，气势雄伟，而坝区则平坦、温和、湿润，有着不同风格、相互辉映的壮丽动人的地貌。

中华人民共和国成立前，拉祜山寨，无论大小（大寨较少，一般六七十户，以三四十户者居多），四周栽有刺和藤，用树干削尖打桩，用竹编篱笆，筑成寨墙，放置竹扦、弩箭等。在进出口处设二至四道寨门，寨门旁有茂密的竹棚，苍翠的芭蕉，与山花掩映；弯弯曲曲的羊肠小道通往山下，构成了一幅秀丽、独特的山寨美景。

《芦笙恋歌》的故乡——澜沧（苏锟　摄）

澜沧拉祜族自治县是全国唯一的拉祜族自治县，位于云南省西南部，普洱市西部，东临澜沧江。拉祜族因自治民族而得名，素有"拉祜山乡"之称。1957年长春电影制片厂出品电影《芦笙恋歌》，《芦笙恋歌》作为一部以拉祜族为背景的电影，它的插曲《婚誓》在旋律上起源于拉祜族民歌。影片反映解放初期云南省澜沧江流域的拉祜族在党的领导下斗争与生活，展现了青年男女的爱情。

拉祜族的发展开启了新征程

在漫长的人类历史进程中，勤劳、勇敢的拉祜族在创造物质财富的同时，也创造了独具特色的璀璨的精神财富——拉祜文化。拉祜族生活的拉祜山乡得天地之灵气，就如同镶嵌在祖国边陲的一颗璀璨明珠，拉祜族历史文化集日月之精华，是盛开在世界民族文化百花园中的一朵瑰丽奇葩。近年来，在党的民族政策光辉照耀下，各级党委、政府团结带领拉祜族人，自力更生、艰苦奋斗、与时俱进、开拓创新，取得了拉祜族地区经济社会发展的巨大成就，拉祜山乡处处呈现出经济繁荣、社会进步、民族团结、边疆稳定的崭新美景。在发展中，拉祜族地区着力深挖拉祜文化潜力，突出拉祜文化特色，渲染拉祜文化亮点，浓墨重彩绘就拉祜文化华章，在创新中弘扬，在弘扬中保护，使拉祜文化熠熠生辉，使拉祜族人的精神文明有了更强的向心力、吸引力、凝聚力，有力地促进了拉祜族地区的经济与社会的繁荣和发展。

拉祜族是中华民族大家庭中的一员，拉祜族地区经济的发展与社会的进步是中华民族伟大复兴的重要内容之一。进入新的历史时期，拉祜族地区迎来的新的发展机遇。党的十九大报告开篇指出："中国共产党人的初心和使命，就是为中国人民谋幸福，为中华民族谋复兴。"这里的人民，是包含了一亿多少数民族人口在内的全体中国人民；这里的中华民族，是包含55个少数民族在内的整个中华民族。有了56个民族的振兴，才有中华民族的伟大复兴；少数民族人民都过上了好日子，才能说全体中国人民过上了幸福生活。党的十九大提出，要全面贯彻党的民族政策，深化民族团结进步教育，铸牢中华民族共同体意识，加强各民族交往交流交融，促进各民族像石榴籽一样紧紧抱在一起，共同团结奋斗、繁荣发展。

做好新时代民族工作,关乎民族地区和少数民族脱贫攻坚、社会发展,关乎人心所向、稳定大局。党的十九大报告指出,要实施区域协调发展战略。加大力度支持革命老区、民族地区、边疆地区、贫困地区加快发展,强化举措推进西部大开发形成新格局。这为拉祜族地区与全国各兄弟民族共同发展提供了更加优越的政策和措施。

在全面建成小康社会的进程中,拉祜族地区是否能全面建成小康社会至关重要。统一的多民族国家是我国的基本国情,中国在长期的历史发展进程中,形成了中华民族多元一体的命运共同体,即一体包含多元,多元组成一体,一体是主线和方向,多元是要素和动力,二者是一个不可分割的辩证统一体。习近平总书记把多元一体的中华民族与各个民族之间的关系,比喻成"一个大家庭和家庭成员的关系",因此,我们不可能设想一个大家庭实现小康,而其中一些成员没有实现小康的现实存在。习近平总书记指出,全面实现小康,少数民族一个都不能少,一个都不能掉队，要以时不我待的担当精神，创新工作思路，加大扶持力度，因地制宜，精准发力，确保如期啃下少数民族脱贫这块"硬骨头"，确保各族群众如期实现全面小康。"全面实现小康，少数民族一个都不能少，一个都不能掉队"这句话反映了总书记对少数民族和民族地区发展现状和特点的准确把握，以及对全面建成小康社会征程中民族工作提出了新任务新要求。全面建成小康社会，民族地区和农村是发展的重点和难点，全国贫困地区的脱贫攻坚特别是少数民族和民族地区的脱贫是突出的一块短板。全面建成小康社会是针对全国讲的，不是每个地区、每个民族、每个人都达到同一水平。贫困人口脱贫是全面建成小康社会的底线目标，如果几千万贫困人口的问题不解决，几百个贫困县的问题不解决，就不能说全面建成小康社会。全面实现小康，就是说56个民族都要全面建成小康社会，一个都不能少，一个都不能掉队，这是最起码的要求，但不可能是同一个水平的小康，底线要求的标准就是到2020年这个时间节点上，要全部实现脱贫，消除绝对贫困。因此，如期达到少数民族和民族地区人民群众的脱贫底线，是我们党和国家今后几年一定要啃下的一块"硬骨头"。

中华各民族在共同缔造统一的多民族国家的历史发展中，给我们留下了无数的物质财富和精神财富，同时也给我们留下了国内各民族存在发展差距这样一份历史遗产。总体来看，尽管新中国成立后，特别是改革开放以来，拉祜族地区的发展取得令人瞩目的成就，但从近年的发展来看，拉祜族地区经济增速虽然快于全国平均水平，但与发达地区差距仍然较大；虽然民族地区综合经济实力显著增强，但自我发展能力仍然薄弱；社会事业得到全面推进，但基本公共服务均等化水平仍然较低。这种发展上的差距，既反映在我国民族地区与发达地区之间，也反映在汉族与少数民族之间以及各少数民族之间。根据2010年第六次人口普查的资料，全国少数民族人口的城镇化率仅为32.84%，分别低于汉族20个百分点、全国平均水平 17 个百分点。民族地区义务教育巩固率平均只有 86%。全国 14 个集中连片特困地区中有 11 个在民族地区（其中就包括滇西边境山区拉祜族聚居区镇沅彝族哈尼族拉祜族自治县、孟连傣族拉祜族佤族自治县、澜沧拉祜族自治县），这些地区困难群众多。习近平总书记指出，民族地区具有集"六区"于一身的特点，即民族地区是我国的资源富集区、水系源头区、生态屏障区、文化特色区、边疆地区、贫困地区。再加上民族自治地方占国土总面积 64% 的这一特点，从中不难看出，少数民族和民族地区既有发展的优势，又有贫困面大这块短板。我国各少数民族的发展状况和民族地区的突出特点，既深刻反映出我国民族工作的重要性、复杂性、艰巨性和全局性，又使我们得到了一种共识：没有民族地区和各少数民族的现代化，就没有中国的现代化；没有民族地区和各少数民族的全面小康，就没有中国的全面小康。

拉祜族《牡帕密帕》

拉祜族原始宗教信仰的唯一依据通常在于拉祜族人心里都认为，"厄莎"是整个世界中的造物者，同时也拥有着至高无上的权力。世间万物都是由"厄莎"一手建造，换言之，如果没有"厄莎"的存在，那么就没有拉祜族的存在。因此，在每一个拉祜族人的心中，"厄莎"是每一个人的精神支柱，在每一个拉祜族人的家里都供奉着"厄莎"，在拉祜族一些相对较大的集会广场中也建有"厄莎"的雕塑，这些都是在祈祷"厄莎"的保佑。

《牡帕密帕》传承的主要形式有两种，第一，拉祜族中的家族可以让《牡帕密帕》进行代际传承，一个家庭是整个代数继承的基本单位，在拉祜族之前的生活圈中，一个大家庭中人数最多的时候可以达到 100 多人，这也使得家族的教育水平相对较高。但在整个家族文化传承过程中，对象仅仅局限在每一个家庭成员中，这也阻碍了传播途径。同时,在家族传承过程中也会出现断层的情况,在很久远的时候,拉祜族都是以大家庭的形式生活,随着时代变迁,大家庭生活基本都已经分散开来,使得家庭的传承范围变得很小。恩格斯曾经说过,要想发展生产力,那么其血缘关系的支配作用要变得很小。随之进入阶级社会中,其阶级关系也取得了支配地位,家庭中的制度受到了支配。在此过程中,孩子们所了解的信息知识也逐渐增多,但由家庭所传承下来的教育理念逐渐流失。第二,仪式传承是整个民族文化传承的基础,通常在拉祜族相关节日的风俗活动中,传统民族文化将会在有意识或者无意识的行径下进行传承。这种形式的文化传承可以进一步稳定人们的精神信仰,特别是对"厄莎"神灵的信仰,在史诗《牡帕密帕》里所塑造的"厄莎"神灵已经烙印在人们的心中,这是拉祜族对"厄莎"具有的敬畏之情,这种敬畏之情在逢年过节的时候才能表现出来,这也是对祖先的纪念。在史诗《牡帕密帕》中提及拉祜族人的节日,分别是桃花年、梨花年、大年、小年等节日。在这些节日中，拉祜族人都是在实践中传承古老的民族文化，进而使得拉祜族人对自己的历史文化铭记在心。在这些节日中，举行各种各样的庆典仪式，以此增强了拉祜族对自己的历史文化的记忆。这些节日也丰富了拉祜族人的世界观、人生观及价值观。传统文化理念在拉祜族的节日中都能体现出来，同时在这些节日中继承与弘扬。在拉祜族人眼里通常在过年时，务必要唱这部传承已久的史诗，其中在大年初三、初四还需要唱两天。

文化传承中存在一些问题。文化的传承在当今的多元文化发展过程中发挥着非常重要的作用，然而，在整个创世史诗的文化传承过程中也受到一定的影响。在文化传承过程中，每一种文化都将遇到各种不同的瓶颈，有时某种传承形式也会停止。从目前拉祜族文化传承的实际情况来看，当前还能唱出《牡帕密帕》的人寥寥无几，而且这些能够完整唱出史诗的人年纪都相对较大，若是不能将这种口头文化传承给下一代，那么这种口头史诗会濒临消失。对此，为了让史诗一直延续下去，当前最为重要的工作就是培养新人并对这种史诗进行保护。根据当前的发展形势来看，受众群体的知识结构都在发生着变化，之前人们所无法理解的自然现象，现在都能进行科学的解释。老一辈人依旧认可传统的观念，而年轻人的思想理念逐渐发生改变，他们喜欢用一些科学原理来解释之前不能理解的问题，同时也拥有了自己的价值观、各种娱乐方式，所接触到的新鲜事物也越来越多。孩子们在接受九年制义务教育，都比较喜欢学校所传授的知识，而每周一次的民族文化课只是给学生们讲一些本民族的相关传统文化。大部分人都是在传统氛围中进行新农村建设，他们是在新时代的环境中成长起来的，所具有的世界观、人生观及价值观千差万别，其中系统的接受能力也各不相同。在目前的环境中，他们在面对这种相对具有历史感的史诗《牡帕密帕》时，很难成为口头传承的唯一途径。就目前史诗传承的形式来看，史诗的传递形式在现实中的作用逐渐发生着变化。史诗已经没有当年那种权威性，也不再成为广大信奉者唯一依靠的神灵，这种迷信色彩的信奉形式已经被人们以科学的形式进行解释，最多也就成为一种符号。古代政治中所具有的传承性，实际上就是在符号的基础上控制人的思想，并发挥出各自不同的实际功能。

《牡帕密帕》的维护与发展。传统传承方式是对《牡帕密帕》的一种保护，是文化持有者对该民族文化的一种表达，在此过程中也是对整个文化内涵的一种解释。其一，从拉祜族的创世史诗的发展形势来看，使用家族这种模式来传承该民族文化是适宜的，这种传承方式已经融入拉祜族的生产生活中，民族文化在整个民族整体的发展过程中已经形成一个固定的模式。对此也就逐渐形成一种活态保护形式，拉祜族采用这种形式将传统文化更好地传递给后世。所说的活态保护是根据《牡帕密帕》自身的特点及人们活态传承的主要方式而提出的一种保护形式。使用传统的传承形式可以推动史诗进一步的活态保护，这也是传统文化的一种活态形式。其二，对于史诗的整体保护主要是从生态环境、传承人群及文化空间中进行保护。在其传承过程中对其进行统一的保护，以此来实现传统传承形式。在史诗传承过程中，特别是在各种节日风俗中，这些活动都是以少数民族文化为大背景所建立起的，同时也是大部分民族文化传承的主要形式。其三，挑选能够传递史诗文化的后辈，之前所采取的传统传承形式是需找文化传承人的，同时也是各种传统文化进行延续的必经之路。史诗的传承人要能以口头方式完整唱出《牡帕密帕》才算是一个合格的传承人，在其学习过程中，主要是通过家族形式来进行文化传承，这也是拉祜族最早的教育形态，通过血缘关系来进行文化传承的传统将是目前学校教学所不能替代的，血缘关系的传承特点就是传承人可以从整个民族文化的角度去思考这部口头文学。

目前所具有的现代传承形式主要是对史诗《牡帕密帕》的一种保护，主要是从史诗的自身特点

及民族文化的交流特征入手的。现在的文化传承
具有多样性，将史诗搬上舞台更能扩大其知名度，
如在各个村落巡回展览相关的历史文献，在拉祜
族部落中建立起与之相关的主题公园。以此从不
同的角度来展现拉祜族的文化特征，信息文本的
传承主要是通过口头的方式进行传颂。史诗在传
诵过程中主要从历史角度、文化角度及生活等方
面来完成相应的传承，同时，这将逐渐成为一种
特殊文字的转换形式。在多媒体传承过程中，可
以使用新媒体设备，包括电视、电脑、摄像机、
影视等，以此将进一步弘扬民族文化。对于这部
史诗的传承途径，其主要目的就是对其文化多样
化进行保护。2006 年，国家颁布了《保护和促进
文化表现形式多样性公约》，在其内容中明确指出，
所谓的多样性就是指在群体或者社会形式中组成
多种文化表现形式。其中，这些文化的表现形式
都是在内部及表达途径中发生变化。基于此，文
化的多样性不但是人类文化遗产中所体现出的各
种传承形式，而且这种文化多样性还可以在艺术

的包装下形成商品。采用培训的形式来对文化的传承人进行系统性的培养，并且以师徒的形式将文化传承下去。在拉祜族各个村落中还需要建立相应的文化传承培训站，让广大村民感受到政府对传统文化的重视。要对《牡帕密帕》史诗进行传承保护，整个民族文化离不开创新，因为创新是发展的源泉。从目前的社会发展形势来看，传统文化需具有极强的适应性，以此才能源远流长。

拉祜族岁时节日

拉祜族岁时节日是拉祜族先民在漫长的历史岁月中，在改造自然、征服自然的过程中，不断总结生产、生活经验而形成并世代相传而保存下来的，为全体社会成员所认可的民俗。拉祜族的岁时节日最初来源于随季节、时间推移和物候的转换而展开的活动，并与宗教、生产紧密联系在一起，一开始就深深地打上了宗教信仰的烙印。它像一面镜子，它是拉祜族民俗生活的主要表现形式，它反映出拉祜族生活的状况，描绘出拉祜族生活的生动图景，记录着拉祜族生活的变迁轨迹，其发展变迁与社会变迁、民族意识的变化紧密相连。拉祜族的岁时节日是拉祜族民俗的重要组成部分，它与拉祜族的宗教信仰有不解之缘，与拉祜族的社会生产劳动密切相关，与广大拉祜族群众的生活联系在一起，并紧紧牵连着社会前进的脚步，应和着时代发展的脉搏，伴随着拉祜族社会经济的发展特别是文化心理、价值取向的改变而变迁。拉祜族的岁时节日几乎包罗了拉祜族文化的方方面面，它除了具有民俗文化的民族性、地域性、流播性、传承性等特点外，还具有相对的稳定性。这种稳定性既表现为岁时节日形式的模式化、节期的固定化、主体人群的相对稳定，也表现为岁时节日内容、文化内涵的相对稳定。拉祜族的岁时节日一旦形成，本族人便自觉沿袭，并以自身的文化结构和文化系统不断地强化其稳定性。

　　稳定是相对的，事物总是处于不断变化、运动、发展、更新的过程中。拉祜族岁时节日的变化表现在：第一，参与者的变迁，在中华人民共和国成立之前，拉祜族由于山川阻隔，社会生产力水平低下，社会生活处于相对封闭的状态，传统岁时节日各地不相统一，节日规模较小，参加者只有本村寨的居民，禁止外来人员特别是外族人员参加，如在"扩"期间不允许外人进入村寨，即便有人进入，也要住在特定的房屋里，不能到处走动，要派专人看管，直到过了"扩式"才能出来。中华人民共和国成立后，随着交通运输条件的改善，社会生产力水平的提高，拉祜族与外界的交流趋于频繁，特别是党的十一届三中全会以来，随着对外开放的扩大及西部大开发的进行，通过各级政府的努力，拉祜族人加快了发展民族经济、脱贫致富奔小康的步伐，特别在建设云南民族文化大省的热潮中，拉祜族的岁时节日的文化开发受到了前所未有的重视。传统岁时节日往往被当作一个创造经济效益、扩大民族文化影响的契机，把周边各民族联结起来，特别是一些代表性的节日，通过政府的参与或协调组织，使处于分散隔离状态的岁时节日扩大成为全民族乃至整个地域的大型节日。参与岁时节日的群体也相应地变得繁多,有时,连政府官员也会充当主持人,而不再是村寨的"召八""卡些卡列"。

第二,参与群体的变迁,必然会引起内容、形式的变化。随着社会生产力的发展,物质生活条件的改善,人们的价值观念也逐步发生变化,风调雨顺、五谷丰登、人畜平安与取悦神灵的关联度逐渐淡化,特别是改革开放和西部大开发,使拉祜族地区的社会经济迎来前所未有的发展,加上科学技术的传播,物质资料的丰富,生活质量的提升,意识形态的变化,节日中的娱神功能不断弱化,宗教感情和宗教意识不断减弱,娱人功能不断增强,节日的功利性日趋显著,现代生活内容,如商品交易、项目洽谈、招商引资、旅游宣传等逐步加强,原始古朴的气息被现代之风取代。

第三,传统岁时节日名目的变迁。游猎生产是拉祜族最初的生产方式,但在经历漫长历史岁月的演进后，拉祜族最终成为农耕民族。"游猎生产在拉祜族社会历史发展过程中，具有特殊的意义和居于极其重要的地位。游猎生产不仅孕育了拉祜族民族共同体，而且其印记深深打在民族社会生活的各个方面。"其岁时节日中蕴含着丰富的、独具特色的狩猎文化，比如："扩"、火把节等重大节日，要举行规模盛大的狩猎活动，具有完整的狩猎祭祀仪式。新平县拉祜族中保存着的卡腊节就充满着古代拉祜族人的渔猎格调。生态环境的恶化，迫使拉祜族不得不完成由游猎生产向农耕生产方式的变革，狩猎生产在社会生活中的地位下降，岁时节日中狩猎活动及其祭仪逐渐消失，一些以狩猎为主要内容的节日也随之消失。特别是随着生态环境保护意识的增强，可持续发展观念的确立，对人与自然、社会和谐发展的认同，狩猎已成为传统的回忆。同时，随着与外界交往的扩大，外来宗教的传入，新的节日名目层出不穷。拉祜族原本没有清明节，受汉族的影响，拉祜族清明上坟扫墓并形成本民族的清明节。佛教、基督教传入拉祜族地区以后，有了二月八、圣诞节等节日。20世纪90年代，澜沧县人民政府根据拉祜族民间传说，即其祖先是从葫芦里出来的，加上不少拉祜族村寨都把葫芦视为吉祥物而加以崇拜以及葫芦成为拉祜族的民族象征这一事实，决定将每年农历十月十五日至十七日定为拉祜族的葫芦节，拉祜语为"阿朋阿龙尼"。于是，葫芦节成为澜沧江西岸拉祜族最大的地域性新型节日。

拉祜族传统岁时节日是拉祜族传统民俗的集中表现，在节日中拉祜族的饮食民俗、服饰民俗、精神民俗、居住民俗、生产民俗都得到充分地展示，因而它成为拉祜族民族意识存在的重要基础和集中反映。中华人民共和国的成立，增强了各民族之间的交往，多元一体的"中华民族"意识进一步加强。社会主义意识形态的建立，马列主义的广泛传播，文化科技知识的普及，使拉祜族群众的思想意识发生了重大的变化。特别是改革开放以来，世界范围内的各种文化相互交流，信息传播的高速度、多渠道，使现代化文化思潮传遍拉祜山乡，拉祜族的思想观念发生了巨大的变化，这种变化必然从传统岁时节日等民俗中反映出来。

拉祜族"后直过时期"

根据一些相关资料，我们把直接过渡政策从开始实施到 21 世纪之前称为"前直过时期"，之后称为"后直过时期"。"前直过时期"解决的是社会形态转型问题，"后直过时期"解决的是现实的发展问题。"后直过时期"的提法，借鉴了西方"后现代主义"这一概念。"后直过时期"，我们要解决的问题：一是"直过"之后而"未直过"的实现问题；二是对"直过"问题进行反思而非否定；三是总结"直过"的经验教训，促进"直过区"的"二次直过"，更加完善"直过"的理论和各项政策。今天"直过区"的发展问题，我们把它称为"后直过时期"问题。在这个问题上，拉祜族比较突出，因此，"后直过时期"拉祜族社会发展的问题是"直过区"的普遍性的问题，是值得我们思考的。

拉祜族是个"害羞"的民族，与他族的交往不积极、不主动，自我封闭现象目前依然严重。"据调查，我国有很大部分的拉祜族群众不懂汉语，他们日常就使用拉祜语进行交流。"西盟县猛梭镇一个名叫"帕窝地"的拉祜族村寨，几年前就通了公路，但仍有许多村民没有到过20公里外的县城，有近60%的人不会讲汉语，特别是上了一定年纪的人。

中华人民共和国成立后，根据民族区域自治的政策，先后在拉祜族聚集的乡镇设立民族乡。按不同地区社会发展的情况分别实行土地改革或和平协商土地改革，1958年完成了社会主义改造时，生产力水平却无法实现跨越。直接过渡区的生产力水平极端低下，尽管有政府多年的扶持帮助，相比较而言，发展速度还是较为缓慢。根据2010年的贫困标准统计，有70%以上的拉祜族群众生活贫困，其中，有50%属于绝对贫困①。思

---

① 普永生：《拉祜族的现实与未来：一个"直过民族"的启示》，载《中华民族报》2010年3月5日。

茅云仙乡大地村新寨的拉祜族，1991 年"人均现金收入 30.66 元""没有一户有存款"。2003 年，澜沧糯福乡南段村的拉祜族"年均人收入 855 元"。

社会事业的全面进步与思想意识的保守滞后形成鲜明的对比。国家非常重视拉祜族的各项社会事业的发展，"2005 年 11 月 2 日，温家宝总理对镇沅苦聪人作出要贯彻人数较少的少数民族地区的扶持政策，采取切实有力措施使苦聪人早日摆脱贫困的重要批示"。拉祜村寨各项基础设施日趋完善，以澜沧糯福乡为例，2000 年，全乡基本完成小学六年义务教育的普及，"前几年开始，两免一补（免学费、书本费，补助基本生活费）实施以后，正常情况下，村寨的九年制义务教育基本能够普及学习用品免费发放，不够的自己购买"。道路交通，基本实现村村通公路；"现在饮用水和日常生活用水由政府接水管到村寨，完全免费，用水基本都是使用自来水"。乡里有卫生院，有公共厕所。相应完善的基础设施，称为"跨越"基本名副其实。然而，拉祜族的现代教育的层次和水平依然很低。边远地区的拉祜族很难对现代国民教育的意义有足够的认识，许多孩子不愿意上学，逃课是常有的事。以澜沧拉巴乡、西盟力所乡为例，教师最艰苦的工作就是每周到村寨去请逃课的拉祜族学生回来上课，去做家长的工作。这不是教育投入不足的问题，而是对教育认识不足的问题。

"直接过渡"推动了"直过区"拉祜族的各项社会事业发展，但并没有达到我们预期的拉祜族社会真正跨越式发展目标。人类学家威廉·A.哈维兰（Villiam A. Haviland）对此类跨越现象进行了批评，"困难之处在于，这种变迁发生得太快，以至于传统社会无力慢慢应付。在欧洲和北美好几代人完成的变迁，在发展中国家企图用一代人的时间就做到"。因此，对于"后直过时期"，我们应当全面反思拉祜族传统社会与现代社会交融产生的正反两方面的文化现象，去构建一个多元文化和谐共生、传统与现代和谐互补的新型社会环境，去实现拉祜族社会的真正跨越发展。首先，思想观念的转变是实现拉祜族二次跨越的核心问题。直接过渡尽管极速实现社会制度的转型，但这种高速变化，必然带来诸多方面的缺失和不适。西方影视中经常反映的一个主题是穿越时空隧道，其结果是主人公无法理解和适应另一个社会环境，最后只好返回所在现实社会。我们今天所要正视的拉祜族社会的跨越式发展，正是一种穿越时空隧道的行为。拉祜族穿越时空进入了现代社会，但现代化必需的四个要素即现代技术、现代农业、工业化和城市化，他们一样也没有。所以，在传统与现代的冲突中，强弱分明，导致了弱者的自卑和退却，也就是"自我封闭"，对外部世界的一种恐惧感，使他们安居于自己的传统社会里。所以，我们就不难理解西盟"帕窝地"的部分拉祜族，举目可见的县城，一辈子也没去过，不是去不了，也许就是不想去。接受教育的条件是基本具备了，为什么受教育的平均时间只有3.52年，观念的转变是问题的关键。马戎认为"观念的转变是少数族群实现现代化的重要条件"[1]。

---

① 马戎:《民族社会学导论》，北京大学出版社2005年版。

观念的转变，一是教育观念的转变，没有教育就没有拉祜族的明天，要从"被动教育"变为"接受教育"，从"请你读书"到"我要读书"；二是行为观念的转变，从"躲起来"到"走出去"。2007年，西盟力所乡的拉祜族中小学生问卷调查显示：他们的理想职业是教师和公务员，分别有52%的学生想当教师，17.5%的学生想做公务员，还有30%的想外出打工，这是一种纯现代的想法。想法是可贵的，他们已经有了"走出去"的想法，这就是教育的成就。可惜的是，他们大多数只有小学或初中的文化水平，几乎实现不了他们的理想，寥寥无几的高中毕业生，也很少能找到工作。"从职业看，2000年从事脑力劳动工作的占全部从业人口的比率为2.77%，从事城市体力劳动的比率为2.81%，从事农村体力劳动的比率为94.42%。具体地说，担任国家机关、党群组织、企事业单位负责人的人口占从业人口的比率为0.39%"。"读书无用"的思想根源就在于此。因此，针对性地实用教育和拓宽就业渠道是刺激

"我要读书"的方法之其次，拉祜族的国民平等意识和公民意识的培养，是自强、自立、自尊意识建立的基础。"一方面，现代化是不可抗拒的，无论一个民族人口有多少，都要进入现代社会；另一方面，步入现代化的过程要有尊严，要保持他们原有的文化生活"。首先，国民平等意识是观念转变的基础，只有建立平等的意识，才会有自强自尊的思想。自强才能自尊，拉祜族保持着良好的民族传统文化，这是自强自尊的资本，在民族平等意识的基础上，弘扬民族文化，增强自信心。再次，政府要以提高拉祜族的发展能力为核心，以解决教育贫困为突破口，从狭义地消除收入贫困转向更为广泛持久地消除三大贫困。要解决贫困问题，首先需要重新认识21世纪的贫困。"联合国开发计划署认为贫困远不只是人们通常所认为的收入不足，相反，贫困实质上是人类发展所必需的最基本的机会和选择权的被排斥"。我国经济学家胡鞍钢将贫困划分为收入贫困、人类贫困（人文贫困，缺乏基本的人的能力，如不识字、营养不良、缺乏卫生条件、平均寿命短等）和知识贫困（缺乏获取、交流、应用和创造知识与信息的能力）。拉祜族的贫困，涵括了三大贫困。2007年，《中国青年报》发表了题为《云南民族直过区：一个教育贫困的样本》的文章，惊呼"直过区教育贫困就是人文贫困，人文贫困导致收入贫困和知识贫困，消除教育贫困是当务之急"。最后，生产力水平的跨越，需要一个长期的、耐心的、奋发的历程。定位要明确，现代化社会的建设才刚刚开始，正如中国社会处于社会主义初级阶段一样，拉祜族处于社会主义初级阶段之初级阶段，原云南政协委员在全国政协十一届一次会议上沉重指出，"直过区"民族"处于社会主义初级阶段的最低层次，属最贫困的群体，最弱势的群体，是最特殊的族群"。因此，拉祜族的现代化之路是一个长期的、复杂的过程，它需要的不仅是制度建构，更需要多元的文化建构和自我调适过程。

拉祜族全面建成小康社会

习近平新时代中国特色社会主义思想已成为中国共产党带领人民决胜全面建成小康社会，实现中华民族伟大复兴的中国梦的指导思想。如何在站起来、富起来的良好基础上实现中华民族强起来，正是五个文明建设协调推进的题中之义。新时代中的社会主要矛盾转变为人民日益增长的美好生活需要和不平衡不充分的发展之间的矛盾，这为拉祜族地区全面小康社会建设提出了战略性要求。拉祜族地区同其他民族地区一同进入决胜全面建成小康社会阶段，因此要按照党的十九大报告提出的要求，紧扣我国社会主要矛盾的新变化，统筹推进经济建设、政治建设、文化建设、社会建设、生态文明建设。近年，拉祜族地区面临的发展不平衡不充分问题依然制约着拉祜群众日益增长的美好生活需要的实现，应更加注重从系统性、整体性、协同性的视野来推进拉祜族地区五个文明建设，提升拉祜族地区的发展质量和效益，进而推动拉祜族群众的全面发展和拉祜族地区的全面进步。

　　我们要将加强拉祜族群众劳动力技能培训放到突出位置。提升拉祜族民族地区城乡居民劳动力的创收能力，关键还需进一步提高城乡劳动力的人力资源开发程度，从而帮助他们形成内生发展动力去积极参与持续就业。新时代加强"三农"建设和实现乡村振兴战略也对加强民族地区劳动力技能培训提出了迫切要求。党的十九大报告指出，要加快推进农业农村现代化，培育新型农业经营主体，实现小农户和现代农业发展有机衔接，支持和鼓励农民就业创业，拓宽增收渠道。目前，民族地区拥有大规模的扶贫资源，在扶贫资源整合配置中，应当更加突出对摆脱绝对贫困的有劳动能力的人员的技能培训。如何让具备良好劳动技能的贫困人员成功地嵌入到产业扶贫中，从而实现扶人与扶产业的良性循环是当前精准脱贫必须高度重视的问题。具体来看，要根据当地扶贫产业发展规划和产业结构调整的趋势，有针对性地对当地有劳动能力的贫困人员进行技能培训；同时也要加强非贫困户有劳动能力人员的技能培训，发挥非贫困户在技能掌握方面的示范鼓励作用，最终实现拉祜族地区劳动力技能的升级更新。在培训内容方面，还应当注重对拉祜族劳动力的管理能力和中高端产业链参与能力的培训。特别是在深度贫困地区，精准扶贫的技能培训项目，还要特别重视做好扶志、扶智、扶技相结合，实现劳动力综合素质的提升。

我们要加强拉祜族地区适合发展需要的人才培训和职业教育。党的十九大报告提出，要坚持就业优先战略和积极就业政策，实现更高质量和更充分就业。我们要大规模在拉祜族地区开展职业技能培训，注重解决结构性就业矛盾，鼓励创业带动就业；要提供全方位公共就业服务，促进拉祜族地区高校毕业生等青年群体、农民工多渠道就业创业；要破除妨碍劳动力、人才社会性流动的体制机制弊端，使人人都有通过辛勤劳动实现自身发展的机会。五个文明建设的协同推进离不开民族地区社会成员的积极参与，乡村振兴战略更需要数量可观、素质全面的本地人才的智力和能力支撑。习近平总书记在党的十九大报告中阐述乡村振兴战略时就提出要培养造就一支懂农业、爱农村、爱农民的"三农"工作队伍。通过加强拉祜族地区职业教育积极引导新时代农民、本地产业工人、服务业人员、医生、教师、律师等人才的培育，拉祜族地区各项公共政策的实施将获得可靠的执行人员，拉祜族地区的社会治理效果将更加显现。从长远来看，只有拉祜族本地人才培育，才能确保各项政策待遇或内容无偏差地惠及人民，才能提高拉祜族地区对扶持资源的使用效率，最终培育出拉祜族地区内生发展动力并增进区域总体福利。

我们要加大拉祜族地区城乡基本公共服务均等化的落实力度。拉祜族地区可持续发展，以及各民族平等团结互助和谐民族关系的实现，在很大程度上取决于地区之间、城乡之间公共服务的均等化和发展条件公平化的实现。党的十九大报告提出，完善公共服务体系，加快推进基本公共服务均等化，保障群众基本生活，不断满足人民日益增长的美好生活需要，不断促进社会公平正义，形成有效的社会治理、良好的社会秩序，使人民获得感、幸福感、安全感更加充实、更有保障、更可持续。当前拉祜族地区面临着的基本公共服务供给不足和城乡失衡等问题，严重束缚着当地农村居民可持续生计的形成。在消除绝对贫困后，拉祜族地区应当将重点切换到基本公共服务供给上来，着重在拉祜族地区创业就业服务、教育、医疗、法律、治安、金融、娱乐休闲设施等方面加大配置力度，为拉祜族地区社会治理的有序开展创造坚实的社会基础。值得注意的是，要在拉祜族地区基本公共服务的供给中增强民族地区干部民族优良传统风俗的运用能力，只有这样才能在为拉祜族群众递送社会服务的过程中实现精准服务、精准调解、精准治理。

我们要构建拉祜族地区多元主体供给的公共文化服务体系。破解拉祜族地区民族文化保护面临的持续性动力不足，需要增强多方主体的保护意愿、保护能力和保护效果。在增进拉祜族与其他民族民俗文化的相互了解的基础上，还需要加大来自政府、社会组织、企业等多主体的公共文化服务供给，拓宽宣传与传播途径，适应拉祜族地区人口流动速度加快的形势。党的十九大报告关于完善公共文化服务体系也提出了要求，即深入实施文化惠民工程，丰富群众性文化活动；加强拉祜族地区文物保护利用和文化遗产保护传承；健全现代文化产业体系和市场体系，创新生产经营机制，完善文化经济政策，培育新型文化业态。结合拉祜族地区民族文化保护的现状，我们一方面建议政府作为主导力量加大对拉祜族地区城乡基本公共文化服务的供给，以此使拉祜族地区城乡居民增强对中华文化和社会主义核心价值观的认同；另一方面建议政府引导企业、社会组织、公益组织等充分发挥在拉祜族地区文化开发与传承方面的资源配置优势，实现各民族文化沟通交流渠道的多元化。

我们要进一步提升拉祜族地区民族政策的公平性。民族政策的目标是缩小各民族在各方面的事实不平等，促进各民族构建平等团结互助和谐的良好民族关系。随着民族地区经济社会发展状况的改善，中华人民共和国成立后制定的民族政策的一些具体内容在当前面临着政策执行环境和前置条件发生改变的情形；同时，各民族这些年来也经历了重大发展，政策环境和政策对象发展水平的改变是新时代完善民族政策的重要背景。因此，要依照 2014 年中央民族工作会议精神，继续从缩小各民族间事实不平等的目标出发，对拉祜族地区民族政策的一些具体条款进行完善；尤其是在高考加分等涉及民族地区城乡居民家庭切身利益的政策内容完善中要综合考虑区域因素，逐步实现经济社会发展水平比较一致的区域内的居民在公共服务政策标准上的公平性。以此来改变相互攀比政策优惠的状况，促进各民族共享发展成果，推动民族关系更加和谐。

我们要妥善处理好拉祜族地区生态保护与经

济发展的关系。党的十九大报告指出，建设生态文明是中华民族永续发展的千年大计。拉祜族地区作为生态保护的重点战略地区，在具体实施生态保护政策的过程中涉及中央政府和地方政府之间、不同地区政府之间、政府与企业之间、老百姓之间等的发展诉求平衡和利益分配问题，因此要在总体上平衡好保护与发展的关系。具体而言，一是要贯彻依法治国加强生态保护立法，让各项关系的处理和利益分配有法可依，在执法中形成清晰稳定的处理机制。二是提升拉祜族地区生态保护治理能力，在实施生态保护政策和具体项目中，尽量使生态资源保护与产业、就业互促共进，同时实现双重目标。三是要积极宣传拉祜族地区先进事迹，使大家树立生态保护要着眼长远的观念，从而形成生态保护的定力。

参考资料

1. 思茅地区地方志编纂委员会.思茅地区志 [M].昆明：云南民族出版社，1996.

2. 澜沧拉祜族自治县志编纂委员会.澜沧拉 祜族自治县志 [M].昆明：云南人民出版社， 1996.

3. 孟连傣族拉祜族佤族自治县志编纂委员 会.孟连傣族拉祜族佤族自治县志 [M].昆明： 云南人民出版社，1999.

4. 镇沅彝族哈尼族拉祜族自治县志编纂委员 会.镇沅彝族哈尼族拉祜族自治县志 [M].昆明： 云南人民出版社，1995.

5. 澜沧拉祜族自治县民族宗教事务局民族研

究所.拉祜族传统习俗[M].昆明：云南民族出版社，2018.

6.澜沧拉祜族自治县民族宗教事务局，澜沧拉祜族自治县民族研究所.澜沧拉祜族[M].昆明：云南民族出版社，2016.

7.杨知勇，秦家华，李子贤.云南少数民族婚俗志[M].昆明：云南民族出版社，1983.

8.云南省历史研究所.云南少数民族[M].昆明：云南人民出版社，1983.

9.王扎体.拉祜族哲学思想简史[M].北京：民族出版社，2014.

10.杜巍，白应华.文化宗教民俗[M].昆明：云南大学出版社，2008.

11.杜巍.思茅民族文化研究[M].昆明：云南大学出版社，2006.

12.云南省民族事务委员会.拉祜族文化大观[M].昆明：云南民族出版社，1999.

13.拉祜族简史编写组.拉祜族简史[M].昆明：云南人民出版社，1986.

14.思茅地区行政公署民委.思茅少数民族[M].昆明：云南民族出版社，1990.

15.王正华，和少英.拉祜族文化史[M].昆明：云南民族出版社，1999.

16.政协澜沧拉祜族自治县委员会.拉祜族史[M].昆明：云南民族出版社，2003.

17.邓启华.清代普洱府志选注[M].昆明：云南大学出版社，2007.

18.丁春荣，林永.拉祜族文化研究[M].昆明：云南大学出版社，2012.

19.中共澜沧县委党史研究室.中共澜沧历史[M].昆明：云南民族出版社，2013.

20.杨春.中国拉祜族[M].银川：宁夏人民出版社，2012.

21.张绍云.中国拉祜族医药[M].昆明：云南民族出版社，1996.

后 记

当这本《拉祜族史话》编写完成之时，我们有种如释重负之感，这是因为，能够深入细致地去探寻一个民族的心灵，能够用我们的笔尖去抒写一个民族丰富的成长历史，实乃幸莫大焉！

拉祜族的发展同其他民族一样蕴含着丰厚的历史和不凡的成长经历，是与我们国家民族大家庭同呼吸、共命运，休戚相关的，是在伟大祖国不断发展与强盛之中得以实现的。一个历经劫难而又十分顽强的民族，最能感受民族大团结和国家强大所带来的欢乐与幸福。因为，所经历的一切，正是拉祜族人切身感受到的。拉祜族人曾经狩猎山野，饱受压迫，遭受驱赶，经历过巨大劫难。而苦难是历练一个民族坚贞不屈品性的磨刀石，是心灵的淬火，是精神与品质的再塑，这也注定了拉祜族人是强悍不屈与智慧纯朴的。

中华人民共和国成立以后，在党和人民政府的关怀下，拉祜族人才走出混沌，走向文明，与各族人民一起，在祖国大家庭温暖的怀抱里安居乐业。春风习习，阳光朗朗，在经济快速发展长达40年的今天，拉祜族分布区也在历史与文化的交叉点上勃然崛起，已成为经济振兴、市场繁荣、边贸兴旺、社会和谐稳定的开放区域。拉祜族人与各族人民一道共享改革开放成果，共享幸福美好的生活，党和人民政府为之提供了居者有其室、耕者有其田的条件。如今，拉祜族人的笑容是那么灿烂和美，他们的生活是那么美好幸福，他们的步履是那么铿锵有力……

2022年，对于我们来说是幸福的，因为我们终于完成了《拉祜族史话》的编写工作，能够再次为普洱历史文化做一些贡献终究是一件令人欣慰的事。在编写《拉祜族史话》的工作中，我们从搜集到的20余本记载拉祜族的书籍中寻找、整理有关拉祜族的史料，提取我们需要的点点滴滴，那些记载着拉祜族历史的文字，让我们如获至宝。而这一切，都源自多年以来研究拉祜族的前辈们对普洱地区、对拉祜族人的炽热情感。诸多专家学者流露出的浓烈情感和丰沛诉说，让我们对拉祜族历史也增添了一份神往的愿望。这样一个风情独特的民族久久地激荡着我们的心怀，这应当是我们编写这本《拉祜族史话》的原动力，是我们意欲走进大山深处拉祜族人的内心，和他们一起经历一次艰难的心路历程的原因。正如习近平总书记所说的："历史就是历史，历史不能任意选择，一个民族的历史是一个民族安身立命的基础。"那些生与死碰撞的岁月已经远去，那翻腾汹涌的澜沧江奔流不息，拉祜族人独特朴拙的民风，莫不撞击我们的胸怀，激起我们探寻的欲望，使我们更有一种必须编写好《拉祜族史话》的使命感和责任感。

《拉祜族史话》在编写工作中，得到了普洱市方志办、澜沧县民宗局、澜沧县社科联、镇沅县社科联、孟连县社科联、云南省拉祜学会、普洱市拉祜协会、澜沧县民族研究所，以及普洱学院白应华教授、赵泽洪教授、罗承松教授、杨洪教授、左永平教授、丁春荣教授、林永编审的帮助和支持。普洱学院师顺老师为本书撰写了5万字的文稿内容，中央民族大学历史文化学院在读博士生、普洱学院王佳老师为本书撰写了3万字文稿内容。还有，在编写本书拉祜族医药内容时，为保证内容的专业性，我们直接选用了普洱民族医药研究所张绍云老师的拉祜族医药研究文章的部分内容。在此，一并表示衷心的感谢！

支持是一种力量，帮助是一份温暖，而关注的目光是我们成就此书不可或缺的一种理解与期待！与一块地域悠久丰富的历史文化和鲜活生动的现实生活相比较，任何文字的表述都是苍白的，都仅仅是采撷了几朵浪花。本书只是给读者提供了一个寻访拉祜族历史文化的线索图，有兴致的读者朋友不妨以本书为向导，顺藤摸瓜，寻幽探微，以您的新发现来批评、填补本书之缺憾。

我们按捺不住笔底的波澜，并深知我们储备的民族知识和所占有的史料有限，更知自己的提炼能力和写作能力的不足，但相信您读罢此书之后会感受到我们的心是真诚的，您一定会因我们的真诚而感动，您的思虑所及，就是我们的愿望所在！